LA
MORALE DE KANT
DANS L'UNIVERSITÉ DE FRANCE

OUVRAGES DU MÊME AUTEUR

A LA MÊME LIBRAIRIE

Notre Pays. — *Figures de France. Voyages d'action française. Le temps de la guerre.* Précédé de Souvenirs sur Henri Vaugeois, par Charles Maurras et Léon Daudet, avec un *portrait de l'auteur*, par Maurice Joron. 1 vol. . . . . 3 fr. 50

Pour paraître prochainement :

L'Interrègne (1793-1915) : I. *La fin de l'erreur française.* Un vol. de 320 pages environ. II. *Vers le roi de France en exil.* Un vol. de 320 pages environ.

HENRI VAUGEOIS

LA
MORALE DE KANT
DANS L'UNIVERSITÉ DE FRANCE

NOUVELLE LIBRAIRIE NATIONALE

11, RUE DE MÉDICIS — PARIS

MCMXVII

*Il a été tiré de cet ouvrage
sur Vergé pur fil des Papeteries Lafuma, de Voiron,
douze exemplaires numérotés à la presse.*

Tous droits de reproduction, de traduction et d'adaptation réservés
pour tous pays.

PREMIÈRE LEÇON

ESQUISSE DE LA MORALE DE KANT. SON PRINCIPE : L'IMPÉRATIF CATÉGORIQUE

LA MORALE DE KANT

DANS L'UNIVERSITÉ DE FRANCE

PREMIÈRE LEÇON

ESQUISSE DE LA MORALE DE KANT. SON PRINCIPE : L'IMPÉRATIF CATÉGORIQUE

L'objet de ce cours, qui, peut-être, d'après le titre de la première leçon, aura pu vous paraître un peu abstrait, un peu austère, est à vrai dire l'exposé d'une doctrine qui, si elle n'est pas entièrement connue, en son détail, dans le grand public français, vous est cependant très familière, et depuis longtemps, sans que vous vous en doutiez, sans que vous l'appeliez par son nom. Les principes de Kant ne sont nullement des créations originales d'un génie qui nous aurait apporté une pensée morale absolument nouvelle. Ils sont, ces principes, extrêmement anciens dans l'histoire des spéculations humaines. Ils sont faux, radicalement faux, malgré leur antiquité. Ce qui vous prouve — pour le dire en passant — qu'il ne suffit pas que l'erreur et le mal soient laissés à eux-mêmes, pour qu'ils se dissipent et s'évanouissent fatalement, après un certain temps. C'est pendant des siècles, à plusieurs reprises, que l'humanité est capable de retomber dans les mêmes erreurs, de s'enthousiasmer pour les mêmes folies, et même de mourir pour elles.

La morale de Kant marque, au moins dans sa tendance, et dans sa prétention fondamentale, une reprise, à la fin du xviii° siècle et au commencement du xix° siècle, en Allemagne, d'un très vieux paradoxe : si vieux, que l'on a cru pouvoir l'apercevoir déjà dans certaines écoles de l'Antiquité païenne, comme celle des Stoïciens. Et c'est en quoi l'on a calomnié le Stoïcisme, lequel a eu quelque chose de beaucoup moins artificiel, de beaucoup moins faux, de beaucoup moins inhumain que le Kantisme. Tout aussi bien, et même plus exactement, pourrait-on les reconnaître ces principes, ou plutôt, ce principe de la Morale kantienne (car il n'y en a qu'un en somme, toujours le même : le repliement sur soi, et l'ankylose de l'individu dans la contemplation de sa propre « conscience »), tout aussi bien pourrait-on en diagnostiquer la présence et l'action caractéristique, dans la fameuse maladie mentale que l'on vit s'installer chez nous, jusqu'au milieu d'une société très saine et très fortement équilibrée : celle de notre royal et triomphal xviie siècle français. Dans le Jansénisme qui fleurit à Port-Royal, et qui aura été certainement l'une de nos erreurs les plus désastreuses, mais les plus nobles, les plus caractéristiques de la France, en tant que la France est une nation religieuse, dans le Jansénisme, pour peu que vous voulussiez y porter attention, en relisant, par exemple, le grand livre de Sainte-Beuve, vous reconnaîtriez sans peine quelques-unes des exaltations fiévreuses et des sombres flammes dont le reflet a pu faire, assez récemment, dans certaines hautes écoles et chapelles de notre Université prétendue « laïque », tout le prestige de tels et tels moralistes kantiens, demi-pasteurs protestants, investis par la République de la haute direction spirituelle des jeunes hommes et des jeunes filles, futurs professeurs de l'Etat.

Mais ce qui fait, surtout aujourd'hui, pour nous, l'intérêt d'un examen renouvelé et d'une critique définitive, s'il se peut, de cette fameuse et sublime morale de Kant (car c'est au sublime qu'elle a visé), c'est que le peuple qui prétend s'en être inspiré constamment depuis un siècle, le peuple auquel s'adressèrent d'abord les *Discours à la nation allemande* du premier disciple de Kant : Fichte, le peuple prussien vient de donner à cette morale le plus complet et, j'allais dire le plus comique, si je n'étais obligé de dire : le plus sanglant des démentis. Oui, c'est le peuple de *l'Impératif catégorique*, du *Devoir pour le Devoir*, le peuple aux yeux duquel les maximes de la morale catholique romaine ne paraissaient pas assez pures, et qui prétendait les corriger par les maximes de la morale luthérienne, c'est ce peuple qui est tombé, sous nos yeux, au-dessous de la brute, dans sa façon de faire la guerre, aussi bien que dans sa façon d'entendre toutes les relations et les tractations du temps de paix, entre les différentes fractions de l'humanité civilisée. Basse ruse ou bestiale fureur ; tels sont les deux pôles entre lesquels oscille perpétuellement, sous nos yeux, la conscience libre et autonome, chez les compatriotes du prophète de la *Raison pratique* ! Tel est le fait. Il s'agit de l'expliquer.

On ne l'expliquerait pas suffisamment, c'est trop clair ! si l'on se bornait à supposer que les Allemands d'aujourd'hui sont un peuple où les enfants naissent tous avec une propension particulière à devenir des parjures, des faussaires ou des assassins. Non. Dans les mœurs monstrueuses de l'Allemagne depuis 1914, il y a à considérer, tout le monde l'a reconnu actuellement, un autre facteur initial que la nature : il y a une « culture », une tradition philosophique, et, à la lettre, une Morale allemande. Et s'il n'est pas vrai que cette Morale allemande se puisse définir tout entière par la doctrine de Kant, il est certain que l'influence de Kant n'a pas laissé de s'y faire sentir depuis un siècle, d'une manière prépondérante, fût-ce même par les réactions qu'elle a provoquées chez tels de ses successeurs et contradicteurs : un Schopenhauer, un Nietzche.

Il est donc intéressant de se poser aujourd'hui la question : quelle est l'erreur pratique, quel est le danger pédagogique de la Morale de Kant ?

Je ne crois pas que l'on puisse donner de cette action singulière une définition plus exacte que celle qui tiendra dans cette simple remarque : la Morale de Kant a toujours eu pour principal effet, non seulement en Allemagne mais partout où elle a passé, et, d'abord en France, d'amener ceux qui ont prétendu s'y tenir et en nourrir leur vie, leur vie réelle et pratique, à choisir plus ou moins librement et consciemment, ou plutôt, à *ne pas* choisir, mais bien à osciller perpétuellement entre deux écueils, entre deux vices qui sont : l'hypocrisie, d'une part, et d'autre part, le cynisme. L'épreuve d'un système de morale, l'expérience qui le juge, c'est la façon dont il aide ses disciples à diminuer l'écart qui se produit toujours entre l'affirmation des principes et leur application, ou, comme disent les Allemands, entre « l'idéal » proposé et sa réalisation. Lorsque cet écart entre la morale *parlée* et la morale *vécue* devient trop grand, comme il arrive pour les écoles de philosophie dont les principes sont faux, arbitraires, ignorants de la nature humaine, l'on recourt, pour masquer le scandale, à l'un ou à l'autre de ces deux expédients : ou bien l'hypocrisie, le pharisaïsme, qui continue à faire grand bruit de « l'idéal », à s'étourdir et à tâcher d'étourdir autrui sous une averse de prêches édifiants ; ou bien le cynisme, qui déclare renoncer purement et simplement à distinguer ce qui se devrait faire de ce qui se fait, et ramène toute la morale à une simple histoire naturelle des mœurs humaines.

Telle est l'alternative à laquelle il semble que, depuis Kant, ait été peu à peu acculée la Morale dans le développement du principe qu'il avait posé. Or, quel qu'en doive être l'avenir en Allemagne, il nous est permis de penser, dès à présent, que, dans notre France, ce principe a échoué. Quel que soit le parti que prennent ses adeptes : monomanie stupide et prussienne du fait pour le fait, ou psittacisme menteur et protestant du « Devoir pour le Devoir », c'est beaucoup trop haut et c'est beaucoup trop bas, pour le cœur comme pour l'intelligence des Français.

Que direz-vous donc, si je vous rappelle que cette morale aux conséquences alternativement hypocrites et cyniques, est précisément celle qui fut choisie officiellement par l'Etat pour faire chez nous, après nos défaites de 1870, pendant ces quarante dernières années, l'éducation gratuite, obligatoire et laïque des jeunes Français? Comment cette Université de France (dont je m'honore d'avoir fait partie), a-t-elle été amenée à chercher les principes de sa pédagogie, de sa morale civique, dans une doctrine dont le moindre tort était d'être née chez l'étranger, chez l'ennemi de la veille et du lendemain, chez l'Allemand? C'est ce qui demande à être expliqué.

On ne comprendrait pas que notre État enseignant, presque tout entier, se soit mis, comme il l'a fait, à l'école de Kant, s'il n'y avait eu, entre les erreurs de Kant et certaines de nos tendances françaises ou même de nos idées arrêtées, — je veux dire: de nos erreurs les plus entêtées, depuis un certain temps, — quelque correspondance. C'est à travers l'histoire récente de notre esprit public, à travers l'histoire littéraire et philosophique du xix° siècle, qu'il est possible de voir comment nous fûmes préparés à cette germanisation officielle de la morale dans nos écoles, dans nos lycées, dans nos Facultés. L'objet de ce cours est donc tout à la fois de vous montrer comment, pourquoi, et à quel point l'on a eu tort, dans notre Enseignement public, de suivre la Morale de Kant, et comment, tout de même, si l'on a eu tort, l'erreur dans laquelle on est tombé était explicable, sans qu'il soit besoin de l'attribuer à je ne sais quelle perversité froide, consciente et voulue, de la part des hauts directeurs de cet Enseignement. S'il est devenu nécessaire de combattre l'influence de la « culture » germanique dans notre Université, comme on l'a combattue à *l'Institut d'Action française*, dès sa fondation, notamment par les cours, certainement inoubliés, de mon ami et collègue Pierre Lasserre ; s'il est devenu nécessaire de critiquer ce qu'il a appelé la *Doctrine officielle* de cette Université, il n'a jamais été nécessaire d'admettre, chez tous ceux qui avaient plus ou moins subi cette influence, un dessein de trahison. Que des politiciens fanatiques aient trouvé beaucoup de facilités pour certaines de leurs entreprises, notamment pour leur manie de décatholicisation et donc de dénationalisation de nos écoles primaires, dans les tendances kantiennes de l'Université française après 1870, c'est évident. Mais il serait injuste de croire que telle ait été l'intention des professeurs de philosophie, de ceux d'entre eux en particulier, auxquels les habitudes d'une carrière politique, faite à la facile tribune du Parlement, auraient pu faire oublier les sévères exigences de leur chaire d'enseignement, lorsque les hasards d'une combinaison ministérielle les portaient au Ministère de la rue de Grenelle

Non ! La question de sincérité, de probité intellectuelle n'a pas besoin d'être posée, dans le cas de la plupart des nombreux Burdeau qui aboutirent à déformer, pendant quelques années, les plus sûres tendances intellectuelles et morales de la jeunesse française, en essayant de les plier à la discipline du pauvre piétiste de Kœnigsberg. Ces Burdeau avaient pour garants des Lachelier et des Boutroux. Pour ceux-ci comme pour ceux-là, c'est bien de philosophie et de morale, et non de basse politique, qu'il faut parler, si l'on veut tirer au clair les causes véritables de leur erreur pédagogique.

Et voilà pourquoi vous me permettrez de procéder, au début de ce cours, comme dans une classe de Lycée ou une conférence de Faculté et de m'efforcer, avant d'en venir à une appréciation de la Morale de Kant, dans son application à notre France, de vous en rappeler brièvement, mais le plus fidèlement possible, la théorie.

Si nous cherchons à saisir cette morale, telle que Kant l'a conçue, dans quelques-uns de ses principes les plus caractéristiques, nous trouvons en premier lieu une formule fameuse, qui est dans toutes les mémoires, et qui cependant a besoin d'être expliquée. Vous avez tous entendu dire que la grande nouveauté de la Morale de Kant se ramenait à son idée du *Devoir*, ou de l'*Impératif catégorique*. Qu'est-ce donc que l'impératif catégorique ?

On sait que l'idée de Kant a été de distinguer deux sortes de commandements moraux possibles.

Ou bien le commandement auquel on demande à l'homme d'obéir, le devoir qu'on lui prescrit d'accomplir, est donné avec un motif qui le justifie; on lui dit : si tu veux être heureux, si tu veux être un bon patriote, si tu veux être un honnête homme, si tu veux avoir l'estime de tes concitoyens, fais telle chose. On pose une hypothèse. On dit : à supposer que tu veuilles atteindre tel but moral, tu dois faire ceci. Les commandements de cette forme sont ceux que Kant appelle des *impératifs* ou des commandements *hypothétiques*, c'est-à-dire qui sont subordonnés à une hypothèse : à supposer que tu veuilles être un honnête homme, agir en honnête homme, tu vas faire telle chose.

Au contraire, on peut concevoir une autre formule de l'impératif ou du commandement en morale, formule qui consiste à dire aux hommes : faites ceci, et s'ils vous demandent pourquoi ? —

parce qu'il le faut, parce que c'est votre devoir ; en d'autres termes : faites ceci parce que je vous dis de le faire ; faites ceci absolument ; je vous le commande catégoriquement et non pas hypothétiquement ; non pas : faites ceci si vous voulez obtenir tel résultat ; mais faites ceci, c'est nécessaire.

Ce commandement à forme absolue et catégorique, ce commandement qui ne fait pas appel à un motif, à une hypothèse, vous me direz qu'il est extrêmement rare. Il est rare, au moins dans l'éducation ordinaire ou dans la vie courante, qu'on dise à l'homme : fais cela, sans lui donner de raison. Pourquoi ? C'est que ce serait peu persuasif. Quelle est la force de persuasion d'un commandement qui ne propose pas, à l'homme qui s'y soumettrait, un but attirant pour sa volonté, pour ses tendances ? Dire à l'homme : agis, sans lui donner une raison concrète, visible, en quelque sorte, de l'acte qu'on lui commande, n'est possible que si l'on dispose sur l'homme d'un pouvoir tel qu'il ne puisse pas résister à ce commandement, qu'il ne puisse pas s'y soustraire.

L'impératif dénué, détaché de toute espèce de motif, d'objet hypothétique ; le commandement moral jeté ainsi à l'homme sans qu'on se préoccupe de le justifier, n'appartient nécessairement qu'à deux mondes ; l'un où une force matérielle assure l'exécution du commandement, — et c'est le monde des soldats de tous les Frédéric de Prusse ; c'est le commandement militaire : faites cela ! — ou bien, si ce n'est pas le commandement à la prussienne, l'absolu d'une force matérielle, ce ne peut être qu'un commandement qui viendrait directement d'une Puissance plus forte que l'humanité elle-même. Ce ne pourrait être que par le comble du sentiment religieux que l'homme se soumettrait. Il faudrait donc que cela vînt de Dieu. Si on veut agir sur les hommes, quand on reste dans le plan de l'humanité, il faut, de toute nécessité, avoir recours à une autre forme de commandement que celle-là.

Je le répète ici, comme je le disais, au début, de la morale de Kant tout entière: c'est trop élevé ou c'est trop grossier; c'est l'un ou l'autre. Ou c'est très efficace, puisque, à défaut de l'obéissance obtenue par persuasion, on l'obtiendra par la force, — et c'est le cas des soldats prussiens auxquels leurs officiers commandent de brûler un village ou d'égorger des enfants ; — ou bien, c'est inefficace, si cela n'est pas réalisé par la soumission à une volonté supérieure, à la volonté de Dieu, par une âme absolument sainte. A vrai dire, il n'y a pas dans la vie en société d'impératif catégorique. Il est faux qu'on en ait jamais fait usage. Tous les commandements de la vie en société consistent à dire : fais telle chose si tu veux que la société subsiste, si tu veux que ta famille soit honorée, si tu veux que ton nom ne soit point diminué (c'est l'honneur) ; ou si tu veux que ta fortune, ton bien-être soit augmenté (c'est l'intérêt). Mais intérêt ou honneur, on fait toujours appel à un mobile hypothétique, à un « si ».

Mais il ne faut pas croire que ce soit de gaieté de cœur et sans raison, que Kant en arrive à appauvrir, à amincir, à volatiliser presque le principe de la morale. L'idée de Kant, en refusant de prendre en considération les commandements hypothétiques, c'est-à-dire les devoirs qui seraient présentés à l'homme sous la condition d'un but à atteindre, est une idée assez intéressante. Il pense que, pour que l'acte réalisé soit réellement moral, il faut qu'il soit accompli non point en vue de son résultat, mais pour lui-même, parce que, dit-il, lorsque l'on poursuit un objet, on n'est pas pleinement désintéressé. Si vous faites le bien à cause du bonheur qui, dit-on, est le partage de l'honnête homme plutôt que celui du bandit, — cela, c'est la morale optimiste ; — si vous dites à l'enfant : ne mens pas parce que le mensonge te rendra inquiet, malheureux, mais sois véridique parce que tu te sentiras la conscience à l'aise, le regard droit, et que tu auras, en quelque sorte, la possibilité de rester avec tes semblables dans des rapports extrêmement faciles et heureux ; si on dit à l'enfant : ne mens pas, parce qu'il y a plus de plaisir, de bonheur intime à être loyal que fourbe, Kant vous objectera que si l'on donne à l'enfant ce mobile d'agir, l'enfant n'est plus obligé. En effet, l'enfant pourrait dire : si je veux être malheureux, si je veux être fourbe, si j'accepte les conséquences du mal que je commettrai, je redeviens libre de le commettre.

L'objection que Kant formule ainsi ne nous paraît-elle pas assez enfantine ? Du fait que le sujet auquel on propose un objet désirable à atteindre, objet par la considération duquel on le détermine à faire son devoir, répond : mais cet objet, je n'y tiens pas, cette réponse est quelque chose qui, par soi-même, est extrêmement faible. Ne pensez-vous pas qu'il suffira de l'expérience ? Lorsqu'il se sera brûlé les doigts en quelque sorte à la flamme du mal ; lorsqu'il aura touché aux fruits empoisonnés de la mauvaise action, l'enfant sera amené, quand même il serait un petit animal, à modifier ses façons d'agir et à tâcher, dans ses façons d'agir, de se mettre enfin en quelque sorte en paix avec la société au milieu de laquelle il vit, pour ne pas en subir les réactions, les vengeances et les châtiments.

Le fait que l'action ne serait pas pleinement dépourvue d'un intérêt, ne détruit pas la moralité. Ce n'est donc pas parce qu'on ne pourra pas obtenir de la moralité avec des commandements hypothétiques, en se proposant le bonheur, par exemple, comme mobile des bonnes actions, ce n'est pas pour cela que Kant les proscrit. Au contraire, l'expérience prouve qu'il n'y a rien de plus efficace que le sentiment de l'intérêt ou du plaisir pour faire agir les hommes, pour obtenir d'eux des merveilles. Agir sur la sensibilité, éveiller des tendances à des bonheurs déterminés, éveiller le goût de la vie, ce n'est pas du tout une mauvaise méthode pour élever les enfants ni pour exalter les énergies des hommes et des nations. Jamais le fait que l'on agit, séduit par un idéal, n'a été quelque chose qui soit corrupteur par soi-même. Il ne faut pas dire que l'homme ne devient moral que par la renonciation à toute espèce de satisfaction et de bonheur en ce monde. Il y a une espèce d'affectation, extrêmement suspecte, d'un désintéressement inhumain, dans ce refus que fait le piétiste Kant de faire appel aux mobiles les plus fréquents dans le cœur humain, pour en tirer des énergies. Dire sévèrement, et en quelque sorte aigrement, aux hommes : le bien, c'est de ne rien faire qui vous plaise, cela n'est pas du tout une règle certaine, une règle sûre d'éducation morale ni de progrès social. Dire aux hommes : n'agissez que par devoir, sans leur présenter le devoir comme augmentant, en même temps que leur bonheur, l'amplitude et la perfection de leur personnalité, c'est renoncer à toutes les collaborations que la nature et la société préparent à l'esprit le plus pur, dans l'homme tel qu'il est composé, composé d'un corps et d'une âme ; dans l'homme, être de relations et non point être isolé, être destiné à vivre en face de sa conscience ou de l'univers tout entier. Il ne faut pas que l'homme vive en face de l'univers tout entier, pas plus qu'en face de la pensée tout abstraite d'une philosophie ou même d'une religion, pour bien vivre ; il faut que l'homme commence à s'attacher à certaines portions de l'univers qui sont plus près de lui et qu'il peut atteindre. Il est faux que l'homme, par exemple, doive, pour être parfait, aimer l'humanité, avant d'avoir aimé sa patrie et sa famille.

L'espèce d'absolu moral, dont Kant a prétendu être l'apôtre et qu'il a prétendu faire passer dans sa formule de l'impératif catégorique, est en contradiction directe avec l'histoire éternelle du monde, laquelle nous apprend que tout est relation, relativité, mouvement, que tout est diversité et variété ordonnée. Le problème n'est pas de se mettre d'accord avec une seule règle abstraite ; il est de mettre d'accord, entre elles, les règles diverses des diverses activités dont se compose la vie totale du corps social.

Oui, en proscrivant les mobiles et les motifs que l'on tire de l'existence et des besoins de la société, Kant fait de la métaphysique, c'est-à-dire de la religion indécise et « libre » ; il ne fait pas de la morale.

Le principe, solide, éprouvé, le point de départ de toute véritable éducation, c'est d'admettre que l'homme ne naît point capable de vivre directement sous la loi de l'absolu. On ne dit pas qu'il soit préférable que, dans la conscience, le besoin de l'absolu n'existe pas. Mais il faut savoir — et c'est ici que nous touchons à la racine religieuse de l'erreur kantienne — il faut savoir qu'entre l'absolu et la conscience humaine, entre l'esprit universel et notre esprit, et en un mot, entre Dieu et nous, il n'y a pas de rapports possibles sans intermédiaire ; il n'y a pas de rapports directs. Il nous faut, d'une façon générale, ce que l'Église, reprenant l'idée essentielle à notre vie, incluse dans ce mot si profond par l'étymologie latine, l'idée du *moyen*, pour l'appliquer au mystère qui domine l'histoire du monde, a appelé : le Médiateur.

L'idée de proscrire tous les médiateurs, voilà l'inspiration générale de la morale de Kant. Je vous prie de me dire si ce n'est pas exactement l'inspiration de cette religion luthérienne, à laquelle on chercherait en vain à soustraire Kant, qui lui appartient.

Je sais bien que Kant a eu des origines écossaises. Je sais bien qu'il y a, dans Kant, beaucoup d'hésitations, beaucoup de demi-lumières, venues d'ailleurs que du luthérianisme ; mais ce que je crois que l'on peut apercevoir, dès que l'on étudie de près ce qui est d'une façon générale son inspiration la plus profonde, celle à laquelle il revient lorsqu'il va jusqu'à sa pensée favorite, lorsqu'il s'exprime tout entier, c'est bien la pensée protestante, l'exaltation de la conscience individuelle, conçue, comme ayant en elle-même, toute la révélation qui lui suffit.

Cette idée de la conscience, qui est l'idée centrale du protestantisme, ou ce fait de la conscience, c'est précisément ce sur quoi nous, en France, nous ne pouvons pas nous entendre avec les Allemands disciples de Luther, ni même avec aucun peuple qui ait subi, à quelque degré que ce soit, la déformation protestante : la conscience juge de nos actions, la conscience juge d'après une intuition à laquelle rien d'extérieur, dit-on, ne doit se mêler, la conscience juge en dernier ressort, telle est l'idée protestante. Au contraire, la conscience *jugée*, dirigée et dominée du dehors par des autorités, telle est l'idée à laquelle se réfèrent toutes les morales que la civilisation humaine a connues, toutes celles du moins, qui ont tenu debout, qui ont vécu, et par laquelle toutes ces morales se rattachent à la morale catholique.

On a conçu, il est vrai, au XIX° siècle, non seulement en Allemagne, mais en France, la possibilité, ou on a voulu concevoir la possibilité de morales dans lesquelles la conscience se suffirait à elle-même. Je n'examinerai pas aujourd'hui tous ces systèmes de morale. Il y aurait sans doute beaucoup à critiquer. Je me bornerai à vous dire que, dans la mesure où ils sont viables, ils ne vivent que d'une renonciation à leur première prétention, et que, plus ou moins subrepticement, ces systèmes de morale, fondés sur la conscience individuelle, font appel à ces considérations du mobile extérieur, du mobile de bonheur ou d'intérêt, à ce plaisir d'équilibre social auquel ils prétendaient ne pas faire appel. Cela peut être démontré très facilement.

Que faut-il donc, pour que l'impératif catégorique lui-même, pour que le sentiment de l'absolu, du respect de la loi divine, en tant que divine, ou de la loi morale, en tant que morale, de la loi en tant que loi, indépendamment des avantages ou des inconvénients que son accomplissement présentera pour nous, apparaisse dans la conscience ? L'accomplissement du devoir pour le devoir n'a jamais été obtenu que dans des consciences qui avaient subi déjà tout au moins une préformation. Pour élaborer cette idée du devoir, cette idée qui paraît à Kant la plus haute de toutes, qui lui paraît se suffire à elle-même, je prétends qu'il faut encore faire appel à quelque chose qui n'est pas catégorique, mais hypothétique ; quelque chose qui n'est pas subjectif, intérieur et enseveli dans notre conscience, mais qui est relatif, extérieur, qui dépend d'autres êtres.

Qu'est-ce que le devoir pris en lui-même ? C'est l'idée de ce qui doit être. Mais comment arrive-t-on à cette idée ? Ce qui doit être, par définition, est différent de ce qui est, puisqu'il s'agit de le réaliser. La morale n'aurait pas d'objet si la perfection immédiate était réalisée ; ce qui doit être, c'est donc l'idée de ce qui pourrait être et qui, dans une certaine mesure, n'est pas encore. Et alors de deux choses l'une : ou ce quelque chose qui n'est pas encore, cet idéal est présenté simplement comme désirable : alors c'est le beau, c'est ce qu'il serait très désirable de réaliser, par exemple un beau poème, un beau morceau de musique, un beau tableau ; mais enfin il n'y a pas de déchéance ; on ne se sent pas dans son tort, pour ne pas l'avoir réalisé : ou bien, l'idée de ce qui doit être est l'idée de quelque chose qui, n'étant pas, est cependant rattaché par un lien quelconque au réel. L'idée de ce qui doit être implique l'idée d'une contrainte à être. Notez que l'idée de ce qui doit être n'est pas l'idée de ce qui peut être. Ce n'est pas l'idée du possible. On ne fonde pas la morale sur l'idée du bien qui pourrait être. L'idée kantienne de ce qui doit être et de ce qui n'est pas..., ou, comme disent les Allemands, l'idée du devoir-être, si vous l'analysez, donne mouvement, naissance à une autre idée. L'idée de ce qui doit être, c'est l'idée de ce qui sera amené à être par l'intervention de quelque chose de nouveau, c'est l'idée de l'avenir, c'est l'idée du progrès, c'est l'idée d'un mouvement qui élèvera l'homme d'un certain niveau à un niveau supérieur. Eh bien, l'idée même de ce mouvement, de ce progrès moral, à laquelle l'âme se sent seulement sollicitée, mais à laquelle il faut obéir : — il faut que cela soit, c'est nécessaire ; — l'idée d'une nécessité qui n'est point matérielle et contrainte, cette idée nous oblige immédiatement à sortir de la conscience individuelle et à supposer qu'une puissance quelconque impose cette nécessité.

Si le bien ne se réalise pas par lui-même dans notre conscience ; si cependant nous disons qu'il faut qu'il soit réalisé, nous sommes obligés de chercher d'où nous vient cette idée du « il faut ». Je vous demande encore une fois de creuser cette idée du « il faut ». Je ne la comprends pas. Je ne connais pas de « il faut ». Je ne connais pas de devoir qui ne s'appuie pas sur quelque chose de déjà réel et déjà réalisé.

Le postulat véritable de la conscience morale, c'est l'existence d'un Bien absolu ou d'un Beau absolu, ou de l'Etre total plus grand que cette conscience, qui l'enveloppe, qui la domine et la contraigne. Je ne sais pas ce qu'est cette idée « il faut », s'il n'y a pas d'objet hors de nous, si nous sommes seuls enfermés dans le monde de notre conscience. De toute nécessité, pour que la conscience se règle, il faut qu'elle subisse les pressions du dehors, d'une Conscience infinie, de Dieu ; mais de toute nécessité, notre monde intérieur reste à l'état de chaos s'il n'est point réduit, concentré et maintenu dans des limites fixes par un monde plus vaste que lui. Transportez au monde moral ce que nous savons du monde physique. De même que les mouvements de la terre ne sont réglés que dans la mesure où la terre est dépendante d'un système d'astres, de même les mouvements de ce petit astre qu'est une conscience humaine ne sont réglés que dans la mesure où ils font partie d'un ciel de consciences, c'est-à-dire d'un monde organisé, réglé, harmonieux et chantant. Cette idée de l'ordre, de l'harmonie que Platon ne laissait pas seulement dans le monde physique et métaphysique, qu'il introduisait dans la conscience, c'est celle-là que Kant a prétendu éliminer. La morale kantienne, la morale allemande, la morale qu'il faut bien appeler de son nom, la morale protestante de la conscience individuelle, est une morale dans laquelle l'idée du devoir n'est pas subordonnée à l'idée d'un ordre universel qui la soutienne et qui la contraigne ; c'est ce que l'on a appelé au xix° siècle en France la morale indépendante, c'est-à-dire indépendante de la métaphysique et même de la physique. L'idée d'isoler les lois de la vie intérieure de l'homme des lois de la vie de la société et des lois de la vie de l'univers, voilà la grande idée du protestantisme. C'est l'horreur de la nature, c'est l'antiphysisme. Le fond du kantisme, c'est une caricature du christianisme. Parce que le christianisme a subordonné la nature à des lois surnaturelles, des esprits grossiers, des esprits bochés se sont imaginé que le christianisme, cessant d'être catholique, pouvait consister dans une horreur aveugle de la nature et de la vie et dans une espèce de sombre soumission à des formules toutes sèches; une espèce, je ne dirai pas de nouveau stoïcisme, car encore une fois c'est une calomnie, — le stoïcisme est une philosophie admirablement intelligente des trésors et des beautés de la nature, — mais une philosophie qui ramène à ce que le vulgaire s'imagine être le stoïcisme, voilà la philosophie qui sert de base à la morale de Kant. Kant nous dit : Agissez par devoir et non point en vue du bien, soit de votre bien, soit du bien de la société, soit du bien de la patrie, soit même du bien de l'humanité en général. Une morale qui nous dit : Agissez par devoir, par pur respect du devoir, sans justifier le devoir, est une morale qui a horreur de la nature, une morale qui se croit sublime et qui n'est qu'orgueilleuse.

Je regrette beaucoup de ne pas pouvoir entrer dans le détail des principes ou des formules principales que Kant déduit de l'impératif catégorique, de cet impératif qui lui semble installé au fond de toute conscience humaine et à l'aide duquel l'. prétend retrouver tout le système de nos devoirs hypothétiques et concrets. Ce sera dans la leçon suivante que j'essaierai de voir avec vous si Kant a réussi dans ce qu'il a annoncé qu'il ferait, c'est-à-dire à déduire de l'impératif catégorique, du principe du devoir en soi, du devoir purement formel, le grand nombre, la diversité de nos devoirs sociaux. Si Kant, avec sa morale du devoir en soi est incapable de justifier les devoirs concrets ; si Kant, par sa morale absolue est incapable de justifier les devoirs relatifs et d'en restituer la hiérarchie, le degré d'importance qui varie ; si Kant est incapable de retrouver l'ordre, l'équilibre de cette sorte de cathédrale qu'est la société ; s'il est un mauvais architecte du monde moral ; si cela ne tient pas, si cela s'écroule, quelque pure et élevée et sublime qu'ait pu être son intention, nous serons forcés de dire qu'il n'a rien bâti et qu'il a laissé, au contraire, l'humanité plus pauvre qu'elle n'était avant son apparition. C'est ce que nous constaterons en examinant la déduction des devoirs concrets dans la morale kantienne.

DEUXIÈME LEÇON

EXPOSÉ DE LA MORALE DE KANT : ESSAI DE DÉDUCTION DES DEVOIRS

DEUXIÈME LEÇON

EXPOSÉ DE LA MORALE DE KANT : ESSAI DE DÉDUCTION DES DEVOIRS

Le sujet de cette leçon, c'est la continuation de l'exposition de la morale de Kant, de la morale de l'Impératif catégorique, à un point de vue nouveau qui n'est plus celui de la forme du devoir, de la loi générale sous laquelle l'homme doit agir, mais qui est celui de la matière du devoir, c'est-à-dire des devoirs particuliers dont se compose la moralité.

Le problème que Kant est obligé de résoudre et qu'il n'a pas résolu, me semble-t-il, c'est, étant donné son point de départ qui est la morale du devoir pur, du devoir pour le devoir, de déduire de ce principe général ou « formel » les prescriptions particulières ou « matérielles » de la morale commune, telle qu'on la connaît dans toutes les sociétés civilisées. Il semble que ce ne soit pas une chose difficile en général de déduire de l'idée du devoir, comme conséquence, les devoirs particuliers. Dans les morales ordinaires, le devoir le plus élevé, le devoir suprême, celui dont on essaie d'inculquer le sentiment à l'enfant et à l'homme, est toujours, vous vous le rappelez, le devoir de réaliser un certain bien que l'on appelle le souverain bien, lequel bien emporte, en quelque sorte, avec lui certains résultats qui sont heureux pour la société et pour l'individu.

Lorsque le devoir consiste à réaliser le bien en ce monde, à réaliser une façon d'agir qui soit conforme avec l'ordre social et conforme aussi avec les aspirations naturelles et normales de l'homme, dans ce cas-là il n'est pas difficile de déduire le tableau des devoirs particuliers. On n'a qu'à considérer, qu'à examiner ce qui est utile dans la vie sociale, ce qu'il est utile de réaliser pour que l'équilibre de la société soit préservé et sauvegardé. Le bien de l'individu, lorsqu'on se place à un point de vue de la morale ordinaire, de la morale traditionnelle, celle qui existait avant Kant, le bien de l'individu coïncide avec le bien de la société. La transgression du Devoir (avec un grand D), qui se traduit toujours par la transgression d'un devoir particulier, entraîne des peines, des souffrances qui viennent soit de la justice établie par la société, soit même tout simplement de cette sorte de justice immanente qui est inscrite dans les lois de la nature humaine et qui fait que le mal moral s'accompagne presque toujours du mal physique.

Dans la morale ordinaire du bien, dans la morale traditionnelle, la déduction des devoirs particuliers n'est pas difficile. Elle n'exige pas autre chose que l'observation, l'examen, la connaissance de la société et des relations qu'elle implique. Mais je crois vous avoir indiqué précédemment que l'idée de Kant est de séparer la notion du devoir de l'idée du bien à réaliser. Kant vous dit : Agissez par devoir, c'est-à-dire par respect du devoir pour lui-même et indépendamment du bien ou du mal qui vous en arrivera, indépendamment de ses résultats, car si vous considériez dans votre action les résultats qu'elle atteindra, vous n'agiriez pas uniquement par devoir, vous agiriez dans un intérêt qui peut être très élevé ; — ce peut être par exemple l'intérêt de votre salut, — mais en définitive vous agiriez dans un intérêt déterminé; vous seriez déterminé par la vue, l'espérance d'un certain but, d'un certain état moral de vous-même à réaliser, d'un certain idéal. Si vous étiez déterminé par l'espoir de réaliser cet idéal, Kant estime que vous n'auriez plus la liberté morale. La liberté morale, comme il l'entend, consiste à n'obéir qu'à soi-même et à cette loi intérieure de la conscience, laquelle commande catégoriquement, commande absolument et ne consent à donner de raisons que par une complaisance pour la nature humaine. Pour Kant, la loi morale s'impose par elle-même, indépendamment des conséquences des actes qu'elle prescrit. Il estime que c'est corrompre la loi morale, la rabaisser, que d'en subordonner l'accomplissement à l'espoir ou à la certitude d'un bien à réaliser ou à atteindre, soit bonheur, soit intérêt.

Dans ces conditions, vous apercevez de suite la difficulté à laquelle Kant va se heurter. Il faut que de ce seul principe, qui est la conscience enfermée en elle-même, faisant abstraction de toutes les relations sociales, il déduise nos devoirs dépendant des êtres, des objets avec lesquels nous sommes en relations.

Qu'est-ce qu'un devoir ? C'est la règle de nos actions. Nos actions consistent dans des rapports avec des êtres différents de nous. Nos actions n'ont besoin d'une règle que parce que nous faisons partie d'un milieu humain par lequel nous sommes en rapport avec d'autres êtres. Mais si nous faisons abstraction de ce milieu humain ; si nous considérons la conscience en elle-même, toute seule ; si nous considérons que la liberté pour l'homme, c'est d'obéir à une loi intérieure, qui n'a rien d'objectif, comme dit Kant, qui est toute subjective ; si nous considérons que la liberté ne naît, comme le veut Kant, dans l'âme humaine, que lorsque l'homme ferme les yeux au monde extérieur, alors la difficulté de déduire les devoirs est très grande.

Ici, j'ouvre une parenthèse : je dis que la liberté, pour l'homme, chez Kant, la liberté morale toute pure ne naît que lorsque l'homme ferme les yeux au monde extérieur. Je suis obligé de vous rappeler les raisons de cette attitude singulière, bizarre de Kant ; c'est que, dans une autre partie de la philosophie qui n'est pas la morale, qui est ce qu'il a appelé la « Critique de la Raison pure », Kant détruit la certitude que nous avons d'être en rapport avec ce qu'il appelle l'objet ou le noumène. Kant est un subjectiviste, un idéaliste, c'est-à-dire qu'il a frappé d'une sorte de doute l'existence et l'organisation du monde extérieur, telles qu'elles nous sont données par l'expérience vulgaire. Il a dit : Nous ne savons pas, nous ne connaissons rien d'une manière certaine, absolue, en dehors de nous ; nous connaissons bien les impressions, les sensations, les images qui meublent notre esprit ; nous connaissons bien la réflexion en notre conscience des objets extérieurs qu'il appelle noumènes ; nous connaissons le phénomène, l'apparence ; nous n'en connaissons pas l'essence. Kant ayant éliminé en métaphysique l'objet, le monde extérieur, a enfermé l'homme dans le sujet. Il s'est proposé de donner une morale à une humanité qui se croirait non seulement seule au monde, mais qui ne verrait plus l'univers, à une humanité réduite à la conscience et rien autre.

Je vous rappelle cette position bizarre prise par Kant, parce qu'elle est indispensable pour se rendre compte des efforts surhumains et d'ailleurs infructueux qu'il a faits, en vue de déduire d'une loi morale purement subjective les devoirs sociaux qui sont objectifs, qui sont des relations avec ce que nous appelons notre prochain. Si notre prochain, si l'humanité n'est qu'un rêve ; si les hommes, les astres, le monde organisé, si la nature ne nous est pas connue d'une manière certaine ; si l'idéalisme absolu est la vérité de la philosophie, comme l'ont cru certains Allemands successeurs de Kant, Fichte et Hegel, il est très évident que, dans cette philosophie-là, la déduction des devoirs, la morale, ne doit pas faire appel à des considérations extérieures. En d'autres termes, la prétendue pureté absolue de l'idéalisme moral kantien, son désintéressement moral vient de son détachement en métaphysique, du détachement de l'expérience et de l'objet. L'horreur de l'objet, de ce qui est visible, tangible, de ce qui est en dehors de nous, telle est l'inspiration profonde et maladive de l'idéalisme. Le subjectivisme, cette façon de se *ronger* en quelque sorte soi-même, de fermer les yeux sur l'au-delà pour les ouvrir sur ce qu'un philosophe de l'Université de France, disciple de Kant, mort depuis vingt ans, appelait l'en-deçà ; substituer la considération de l'en-deçà à celle de l'audelà, voilà l'inspiration étrange, maniaque, de la philosophie de Kant et par conséquent de sa morale. Son subjectivisme est à la base de toutes les bizarreries de son puritanisme.

Telle étant cette position, comment Kant s'y prend-il, pour essayer de justifier les devoirs ordinaires, devoirs de la société, devoirs objectifs ? Il prend d'abord une formule de la loi morale, qui paraît évidente, et que je vous demande la permission de vous lire dans le texte traduit de la *Critique de la Raison pratique* : « Agis de telle sorte que la maxime de ta volonté puisse toujours valoir en même temps comme principe d'une législation universelle. » Agis toujours de telle façon en conséquence que, si tout le monde agissait comme toi, ce fût l'idéal, ce fût la perfection, comme si tu pouvais vouloir que tout le monde agisse d'après la même formule. Par exemple, il est évident que lorsqu'on dit à l'homme : Tu ne mentiras pas, on peut justifier ce commandement en lui disant : Tu ne peux pas vouloir que tout le monde se mette à mentir ; ce serait absurde ; ce serait le désordre, la guerre à perpétuité entre les hommes ; cela ne tiendrait pas debout.

Alors Kant a l'air de supposer que, de cette seule considération de l'universalité de la loi morale, on puisse déduire déjà par exemple ce précepte du non-mensonge, on puisse déduire à ce compte-là le précepte : tu ne tueras point. Tu as envie de tuer ton ennemi ; ne le tue pas, parce que tu ne peux pas vouloir que la maxime, d'après laquelle tu agirais dans ce cas, à savoir se faire justice soi-même, soit appliquée par tout le monde ; tu ne peux pas vouloir cela ; ce serait une absurdité évidente.

Si nous y regardons d'un peu plus près, je crois que vous serez frappés, comme moi, d'un défaut de cette prétendue déduction. Kant croit que, pour empêcher l'homme de tuer ou de mentir, il suffit de lui dire : Agis de telle façon que la maxime, d'après laquelle tu agis, soit celle suivie universellement. Mais je ne vois pas du tout pourquoi la maxime, d'après laquelle on se ferait justice soi-même, la maxime de la force appliquée immédiatement à la réalisation du droit, ne serait pas appliquée par toute l'humanité. Ce serait la loi de force, et les plus forts l'emporteraient. Au nom de quoi, au nom de quelle idée peut-on dire que la loi de se faire justice soi-même, la loi de violence sera proscrite ? On ne donne pas de raison de cette répugnance à voir s'universaliser la maxime des actes que nous appelons mauvais ; — il est évident, dit-on, que cela va de soi, cela ne peut pas être toléré ; — mais je vous ferai remarquer que le problème en philosophie, en science morale, consiste précisément à justifier par un raisonnement cette répugnance qu'ont les hommes à admettre cette conception du désordre. S'il ne s'agit que du bon sens, de l'intuition immédiate qu'ont les gens dans la rue à avoir l'horreur du désordre, il n'y a pas besoin de faire un système de morale pour le justifier. Si vous n'ajoutez rien aux maximes du bon sens expérimental, on ne peut pas dire que vous rattachez ce jugement de la moralité commune à un principe formel enfermé dans la conscience, à un principe abstrait. En réalité, vous suivez une coutume. Vous ne faites pas de déduction ; vous vous appuyez sur une évidence immédiate. Cette évidence, quelle est-elle ? Elle suppose que nous attachons un prix quelconque à l'ordre dans la société ; mais si je trouve moyen, moi, de me mettre en lutte, en contradiction avec cette maxime : tu ne tueras point, sans que la société m'écrase ; si je suis le plus fort ; s'il n'en résulte pas en définitive un désordre parce que cela passera comme une lettre à la poste ; s'il n'y a pas de réaction contre le mal commis, alors je ne vois aucune raison de considérer cette maxime comme impraticable. Pour la considérer comme impraticable, il faut considérer qu'il y a un ordre idéal de la société, qu'il y a de bons et de mauvais états sociaux ; il faut considérer qu'il y a plus de bonheur et plus de dignité ou, d'une manière générale, quelque chose de préférable dans un état social où l'on n'use pas de la violence ; et c'est cela qui ne peut pas être démontré. Si on ne fait pas appel à la considération du résultat des actes, théoriquement — poussons les choses à l'extrême — on peut concevoir un crime commis par un homme qui dirait : Ma conscience me commande ce crime, c'est par devoir que j'ai assassiné, c'est par devoir que j'use de la violence, ou, comme les héros de Tolstoï, que je refuse d'en user, même comme soldat... Remarquez que c'est le sophisme, dont se sont servis tous les criminels qui sont issus de ce fanatisme luthérien dont je vous parle. C'est au nom de la conscience, enfermée en elle-même, ne connaissant qu'elle-même, qu'on a commis tous les crimes ; et je ne suis pas bien sûr que si vous interrogiez Guillaume II sur les crimes commis en Belgique ou en France, à

Reims ou à Louvain, il ne vous répondrait pas :
C'est au nom de ma conscience, c'est par devoir
que j'ai tué, que j'ai fait incendier, assassiner,
piller, violer...

Théoriquement, la conscience, enfermée en
elle-même, n'a pas de juge, car ce qui juge
l'homme, c'est la réaction du monde réel sur lui-
même; théoriquement, une conscience qui serait
armée d'une force capable de dompter l'humanité pourrait dans la morale de Kant se tout per-
mettre. Évidemment, ce n'est pas l'intention de
Kant. Mais il n'en est pas moins vrai que la prétention qu'il a de déduire les devoirs du seul
principe : agis d'après une maxime universelle,
est fausse. La preuve, c'est le reproche fait par
Schopenhauer à Kant. Lorsque Kant veut déduire
la matière du devoir pratique, il revient, par un
détour, à la conception du devoir traditionnel et
de sens commun ; il ne se contente plus de la
conscience enfermée en elle-même; il cesse d'être
subjectif ; il redevient objectif, quand il essaie de
faire de la morale proprement dite. N'est-ce pas
un indice que lorsqu'il parlait de l'impératif catégorique, ce n'était pas de la morale, c'était de
la métaphysique, la pire de toutes les métaphy-

siques, celle de l'en-deçà, au lieu d'être une métaphysique de l'au-delà ?

La grosse objection que l'on peut faire à ce que Kant a appelé, d'une façon absolument inexacte, prétentieuse, la déduction des devoirs, c'est que les devoirs de l'homme, parce qu'ils sont des règles appliquées à ses relations avec les autres hommes et avec la nature, ne sont déterminés que par les rapports de l'homme avec cette nature et avec cette humanité qui l'entourent. Les obligations sont graduées, sont relatives comme l'importance, comme le poids, pourrait-on dire, des objets avec lesquels la vie nous met en rapport. Il y a des devoirs plus graves, plus stricts que les autres : ce sont ceux qui règlent nos rapports avec des portions de l'humanité plus dominantes ; c'est l'importance réelle, extérieure, indépendante de nous et de notre conscience, des objets et des êtres avec lesquels nous vivons et, on peut dire, en action et réaction avec lesquels nous vivons ; c'est l'importance relative, la réalité plus ou moins haute, plus ou moins sainte, plus ou moins sacrée de ces objets qui mesure, qui gradue l'échelle de nos obligations et de nos devoirs. Mais lorsqu'on veut considérer le devoir tout seul, lorsqu'on considère l'obligation comme se suffisant à elle-même, toutes les obligations sont infiniment graves ou toutes les obligations sont nulles. Le devoir ne pèse rien ou il écrase l'homme, si le devoir n'est pas l'expression des rapports de l'homme avec la société. Il n'y a pas à sortir de ce point de vue, si on ne veut pas sortir de l'expérience et du bon sens.

Cette réflexion nous amène à porter un jugement sur la morale de Kant en général. Je crois que ce que l'on peut reprocher à la fois à sa morale formelle (sa philosophie de l'impératif catégorique), et à sa morale matérielle, (théorie des devoirs) qu'il n'a jamais pu bâtir ni achever... — je pourrais vous donner beaucoup d'exemples de devoirs particuliers, essais faits par Kant, et vous verriez que la valeur de chaque devoir n'est déterminée que par un retour plus ou moins inconscient qu'il fait à une considération de morale ordinaire objective ;... — le reproche général qu'on peut faire à sa morale matérielle et à sa morale formelle, c'est qu'il a mal fait ce que l'on pourrait appeler la psychologie de l'obligation. Kant dans sa morale est continuellement dominé par une préoccupation : celle de l'obligation. Kant a cru que l'œuvre de la morale philosophique, de la spéculation en morale, c'était, ce devait être de justifier le sentiment intérieur de l'obligation, c'est-à-dire la contrainte de soi-même par soi-même qu'il trouvait dans sa conscience. Il est évident que toute conscience formée trouve en elle-même le sentiment du devoir, c'est-à-dire de l'obligation. Le sentiment de l'obligation, ce n'est pas le sentiment de la contrainte extérieure. Être obligé, en morale, ce n'est pas la même chose qu'être forcé par les tribunaux, par la contrainte extérieure ; et, avec une certaine raison, Kant a remarqué et admiré ce sentiment de la contrainte intérieure, de l'obligation de l'homme par lui-même. Il l'a considéré, il l'a admiré, il a voulu le conserver. L'admiration du devoir, c'est ce qu'il y a de vrai dans la morale de Kant. Mais Kant ne s'est pas demandé, ou plutôt il s'est trop demandé d'où venait à cette obligation, ce caractère, je ne dirai pas irrésistible, mais intangible et en quelque sorte sacré. La morale de Kant est dominée par l'idée du respect. S'il a voulu garder ce sentiment du respect pour une loi infiniment respectable, tellement respectable qu'il faut tout lui sacrifier, il a eu le tort de ne pas se dire que ce caractère vénérable et sacré de la loi était difficilement explicable, si la loi n'était qu'intérieure à l'âme. Le devoir n'est infiniment respectable et ne vaut qu'on lui sacrifie tout, dans une morale subjective, que si l'on consent à transporter à la conscience, à l'individu humain, l'attribut d'infinité qui était, jusqu'à Kant, dans toutes les philosophies antérieures à lui, reconnu à Dieu, c'est-à-dire à une Conscience enveloppant et gouvernant l'univers. L'idée de la personne humaine, dont le respect forme tout le nerf de la morale kantienne, ne devient sacrée que dans une philosophie où la personnalité est un fait plus qu'humain. Je ne vois pas pourquoi, dans une philosophie où il n'y aurait que des personnes humaines, qui ne connaît que l'espèce humaine, l'idée de la personne, de la conscience, du for intérieur prendrait une valeur infinie. Je conçois qu'elle prenne une valeur très grande, supérieure à celle, par exemple, des animaux et des objets matériels; mais je ne conçois pas qu'on puisse porter à l'infini la conscience de l'homme sans une espèce de sacrilège, qui consiste à dire que cette conscience est elle-même la conscience de l'univers, la Conscience divine.

Il est très certain que la conscience de l'homme est, dans une certaine mesure, dans le secret de l'univers, puisque les lois de l'univers répondent à certaines des données de cette conscience, et puisque, par exemple, les planètes obéissent à des lois que notre intelligence des mathématiques est capable de formuler et de déduire. Il est certain que, par la conscience, l'homme communique avec l'univers; l'homme a quelque chose de divin par la vie de l'esprit; l'homme a quelque chose qui n'est pas naturel, qui est surnaturel. Mais de ce que, dans la conscience humaine, il y a du divin, il n'est pas permis de déduire que la conscience humaine est Dieu. Bien au contraire ! C'est précisément parce que nous sommes entrés dans une partie du secret de l'univers, lorsque nous ouvrons les yeux à la vie consciente, et que nous savons que le secret de l'univers a quelque chose de personnel, d'analogue à ce que nous appelons en nous la liberté, l'autonomie de la personne humaine; c'est parce que nous savons au fond que les lois de l'univers sont l'expression d'une Intelligence analogue à la nôtre, que nous sommes tentés de respecter, comme divines, les lois de notre conscience, de notre intelligence, de notre volonté appliquées à la morale. Mais si nous nous contentons de cette sorte d'intuition, de persuasion, nous faisons ce que j'appelais l'autre jour de la religion libre, indécise ; et parce que l'homme détient le divin, nous l'affranchissons de la recherche de Dieu. La loi morale n'est absolue qu'en tant qu'elle est extérieure à la conscience humaine. La loi morale n'est absolue qu'en tant qu'elle est aussi extérieure à la conscience humaine que le sont les lois physiques. Elle n'est absolue qu'en tant qu'elle peut nous contraindre. Elle ne peut nous contraindre qu'en tant qu'elle est universelle. Mais nous ne trouvons pas dans nos sociétés humaines une seule loi morale, qui atteigne à l'évidence et à l'universalité des lois physiques ou chimiques que nous pouvons appliquer dans les sciences et dans les arts mécaniques. En d'autres termes, dans les sciences et dans les arts mécaniques, nous arrivons, à l'aide d'une déduction tirée des lois mathématiques, à des conséquences qui coïncident avec le train ordinaire de l'univers ; c'est en calculant que Leverrier a découvert une planète. Il y a correspondance entre les lois de l'intelligence humaine et les lois qui meuvent ou qui arrêtent la matière, c'est vrai ;

mais, dans le monde moral, cette correspondance n'est pas établie avec cette facilité, cette simplicité, cette certitude. Nous n'avons pas un art absolument certain, physique, mathématique, chimique de manier la conscience humaine et les consciences humaines. Nous ne produisons pas ce que nous voulons. Nous sommes moins puissants dans l'ordre de la raison pratique que dans l'ordre de la raison spéculative. Si l'intelligence de l'homme a étendu de vastes prises dans l'univers physique, sa volonté étend des prises beaucoup plus faibles dans le monde moral. L'homme a dompté les éléments, les rochers de la mer. Son industrie a défié les forces formidables de la nature. Il n'a pas encore dompté, canalisé, organisé les forces incalculables de la conscience humaine dans le bien et dans le mal, dans l'absurde et dans le raisonnable. L'homme n'a rien fait qui lui permette de se dire un Dieu. L'homme n'a par conséquent rien fait qui lui permette de substituer à l'idée d'un commandement venu d'un Être transcendant, d'un commandement absolu, d'un commandement objectif ou extérieur, l'idée d'un commandement subjectif ou intérieur. Les seuls cas où l'homme ait justifié l'absolu de ce commandement intérieur, ce sont les cas où il a consenti à le rattacher à une doctrine religieuse. Si cette doctrine religieuse manque, la morale de l'impératif catégorique, la morale du devoir, ou se vide, s'écroule d'elle-même, ou devient une simple superstition.

Mais je vous disais tout à l'heure qu'il s'agit d'une mauvaise psychologie de l'obligation. C'est justement parce que, dans l'intention de Kant, l'obligation morale doit être libre, c'est-à-dire ne pas détruire la liberté de l'homme, doit en être une haute expression ; c'est justement parce que l'homme, d'après Kant, lorsqu'il se sent obligé moralement, n'obéit qu'à lui-même et par conséquent trouve le summum de la liberté dans l'indépendance dont il fait preuve vis-à-vis des puissances extérieures qui cherchent à le faire agir ; c'est justement parce que Kant est préoccupé de la liberté humaine que sa psychologie subjective reste incomplète. L'homme qui se dit libre, d'après Kant, l'homme qui doit toujours agir par liberté, par autonomie, qui se donne sa loi à lui-même, l'homme en réalité n'est ni libre ni esclave. Lorsque nous faisons sa psychologie, appuyée sur les observations de l'histoire, même de la vie courante, nous voyons que l'homme n'est ni absolument libre ni absolument esclave. La liberté qui consiste à n'obéir qu'à soi-même, c'est-à-dire à ne commander qu'à soi-même, l'autonomie du vouloir, il n'est pas possible de dire qu'elle appartienne à l'homme d'une façon absolue ni qu'il en soit privé d'une façon absolue. L'autonomie ou faculté de se commander à soi-même est un pouvoir qui, comme tous les pouvoirs, est plus ou moins grand, est susceptible de croissance ou de décroissance. La liberté de l'homme, au fond, ce n'est que la puissance de sa volonté, mais de sa volonté, appliquée à l'observation de l'obligation intime et du devoir ; et la puissance de la volonté de l'homme, le degré de sa liberté a un autre nom ; le degré de la liberté de l'homme, c'est le degré de sa sainteté. L'homme est plus ou moins libre, selon qu'il est plus ou moins affranchi des mobiles purement passionnels, sensibles, matériels et extérieurs qui tendent à influencer sa conduite. Lors donc qu'on parle de l'autonomie de la volonté et lorsqu'on dit : il n'y a pas de milieu ; il faut que l'homme agisse par devoir pur, qu'il soit complètement libre, ou il faut qu'il soit esclave de l'intérêt ou du bonheur qu'il poursuit, on fausse absolument la psychologie et la morale. En réalité, jamais aucun homme n'a agi autrement que par une sorte de développement de sa liberté morale. Agir, pour l'homme, ce n'est pas jouir d'une liberté de fait vis-à-vis du monde extérieur et de ses passions qui le rattachent au monde extérieur. La liberté pour l'homme est essentiellement une puissance vivante, relative, croissante et décroissante. La liberté pour l'homme, c'est sa vertu, c'est son énergie morale, c'est sa valeur propre, je dirai : c'est sa réalité morale.

L'homme est d'autant plus libre qu'il réalise en lui l'humanité ; mais aucun homme ne réalise en lui l'humanité. Il est absolument exact que l'humanité ne se réalise qu'en Dieu. Mais de ce que l'homme ne réalise pas en lui l'humanité intégrale, idéale, à tous les moments de son existence, s'ensuit-il que les degrés de libération (et, je ne dirai plus : de liberté), par lesquels il passe, ne doivent pas être considérés comme de dignes objets du commandement moral ? N'est-il pas bon de pouvoir dire à un homme, qui n'est pas encore capable d'agir par devoir pur : agis d'abord, accomplis cette action parce que c'est ton devoir, oui ; mais aussi, parce qu'en accomplissant ce devoir, tu te mettras en accord avec la société dans une certaine mesure qui augmentera et ta paix et ton bien-être, et ton bonheur et ton honneur, et en définitive tous les biens auxquels tu tiens ? N'est-il pas d'un puritanisme imprudent et orgueilleux de priver l'homme de la considération de ces libertés relatives, que l'on appelle les vertus ordinaires, celles qui sont faites sous le commandement de la société ambiante ? N'est-il pas imprudent de le priver de la considération et de la pratique de ces vertus et de ces devoirs ?

Vous me direz : Kant n'a pas prétendu proscrire tout à fait de l'éducation la considération des mobiles, des biens que l'on peut atteindre et que l'on peut proposer comme but à la vertu ; Kant n'a pas proscrit absolument ce qu'on pourrait appeler la pédagogie. Mais il s'agit, lorsqu'on traite d'une philosophie comme celle de Kant, qui a des prétentions à être pratique, d'envisager quelle en est la conséquence au fond. Il s'agit de savoir si on fait progresser l'humanité, davantage, en lui parlant du devoir pour le devoir, ou en lui parlant des biens et des bonheurs de ce monde et de l'autre, auxquels l'homme ne peut atteindre que par la pratique de certains devoirs. Il me semble, puisque le problème est de faire progresser l'humanité en liberté, de la faire progresser en libération en quelque sorte, puisque le problème est de faire croître cette puissance de se commander à soi-même qu'on appelle la liberté humaine, qu'il est d'une sage conduite, d'une sage politique, de simple bon sens, d'éviter tout ce qui pourrait priver l'éducation, la pédagogie de ces méthodes qui ont fait leurs preuves.

Or, je vous ferai remarquer que si nous parlons de la philosophie de Kant, de sa morale, ce n'est pas du tout à un point de vue purement spéculatif et abstrait. Nous ne nous demandons pas si la morale de Kant a été la plus pure de toutes dans la conscience de Kant lui-même. Cela nous est fort égal. Nous nous demandons si la morale de Kant, dans l'éducation française, telle que l'Université de France a entrepris de la donner, pendant quarante ans, à nos jeunes gens, est féconde, est utile en fruits de moralité dans une race comme la race française? Nous nous demandons ce qu'il faut penser de la tendance qu'elle développerait, chez les jeunes Français, c'est-à-dire une espèce d'horreur de la vie sociale, de la nature, une espèce de crainte du bonheur et une espèce de fièvre de stoïcisme mal compris, le refus par exemple des récompenses, la suppression des distributions de prix... Je vous prie de remarquer un fait qui est d'ordre administratif universitaire : certains arrêtés du directeur de l'enseignement secondaire, il y a une douzaine d'années, ont commencé d'abord à diminuer l'éclat des distributions de prix, puis à supprimer le Concours général ; je vous dénonce, dans cette mesure de la suppression du Concours général et de la suppression des couronnes, l'inspiration directe de la morale kantienne, c'est-à-dire de la morale luthérienne. Le problème que je pose, car je n'ai pas la prétention de vous donner la critique détaillée de tout le système de Kant, mais je veux vous donner la tendance pédagogique de ce système ; le problème que je pose ici, à l'Institut d'Action Française, est de savoir si cette morale est vivifiante pour les consciences des jeunes Français, si elle est vivifiante ou écrasante et tuante. Je dis qu'elle est tuante.

Je reviens au reproche fondamental que je fais à Kant. La morale de Kant, celle qui dit à l'enfant et au jeune homme : N'agis que par devoir ;

n'agis que par respect pour le devoir et sans considération du bien, du bonheur et de l'intérêt ; n'agis qu'en t'enfermant dans ta conscience qui est ton propre juge et ton propre législateur et ne regarde pas la société ; — je dis que cette morale n'est propre qu'à développer, ou une attitude habituelle d'hypocrisie, ou une attitude habituelle de cynisme. Je reviendrai toujours à cette alternative, qui est celle qui nous donne le secret de l'histoire morale de ces quarante dernières années d'éducation républicaine. C'est Burdeau, l'homme de la morale de Kant, qui a touché dans le Panama !... C'est Burdeau qui enseignait au Lycée Louis-le-Grand la morale de Kant, dans une classe dont faisait partie mon grand ami Léon Daudet, qui pourrait vous en donner le témoignage comme moi ; c'est Burdeau qui, on peut le dire, a fait baisser dans la conscience du peuple français l'idée qu'il se faisait d'un homme d'État ; c'est Burdeau qui a associé à un personnage extrêmement respectable par les phrases qu'il prononçait à la tribune, l'idée d'un personnage comme les autres par les actes auxquels il se livrait dans les couloirs soit de la Chambre, soit de la Bourse...

Par conséquent, je dis que la morale kantienne

est en France — je ne sais pas ce qu'elle peut être en Allemagne — un élément déformant, stérilisant, un élément qui, en prétendant faire des héros de stoïcisme, risque de ne faire que de petits Tartuffes qui laisseront entre leurs actes et leurs paroles un écart qui s'appelle l'hypocrisie. Le problème de l'écart entre les actes et les paroles, c'est-à-dire entre les actes et les pensées que l'on se propose comme idéal, c'est tout le problème de la vie morale.

Je vous ai dit qu'il y a un autre excès qui est le contraire de l'hypocrisie, c'est le cynisme. Le cynisme consiste à nier l'écart en niant l'idéal, en niant l'idée supérieure à laquelle on devrait s'élever. Jamais en France on n'acclimatera le cynisme absolu. Jamais on ne tuera la disposition qu'ont les Français à orienter leur conduite vers certains idéaux. Il s'ensuit que, dans cette race, quand on n'aboutira pas au cynisme — ce qui est la solution prussienne — et lorsqu'on ne sera pas dans la sainteté héroïque, on aboutira à de petites hypocrisies.

Il s'agit de savoir ce que l'on veut pour la jeunesse française des années qui vont suivre. Veut-on qu'elle continue à donner au monde le spectacle qu'elle lui a toujours donné, celui d'hommes qui ne prétendent pas être autre chose que des hommes et qui prennent, avec un certain sourire et avec une certaine bonne humeur, leur parti de dire : Nous agissons en ce monde conformément à notre intérêt bien entendu ; nous agissons conformément à une certaine moyenne d'optimisme ? Ou bien veut-on qu'en affectant d'être des héros de désintéressement, ils continuent à être ce que tous les hommes sont nécessairement : des égoïstes dans certaines de leurs déterminations ?

Je dis que la solution ne peut pas faire de doute. La tendance protestante, la tendance puritaine n'a peut-être pas été nuisible à nos voisins les Anglais... Il y aurait beaucoup à dire sur les raisons pour lesquelles le puritanisme n'a pas faussé le ressort de la moralité, de la volonté, chez les Anglais. L'Angleterre est un peuple dans lequel on ne peut pas dire que le puritanisme se soit toujours traduit par l'hypocrisie. Cela tient à beaucoup de raisons dans lesquelles il serait trop long d'entrer, mais qui seraient extrêmement intéressantes à retrouver. Mais il est très certain que la moralité française ne s'est jamais bien trouvée des affectations de puritanisme. Cela tient peut-être tout simplement à ce que, au fond, la moralité française est faite de beaucoup plus de spontanéité, de beaucoup moins de calcul, de réflexion, et qu'il est beaucoup plus difficile de se tenir à un certain niveau moral, lorsqu'on agit comme le font les Français, avec une grande spontanéité, une grande facilité, une grande rapidité, lorsqu'on est très sociable, que lorsqu'on pèse toutes ses paroles et tous ses actes avec cette belle solennité que nous admirons chez nos amis les Anglais. Les Français sont des gens qui ont toujours scandalisé un peu. Je me demande si, en essayant de les faire passer, en quelque sorte, dans le carcan d'une morale trop étroite, trop sombre, trop rigide, au lieu de mettre fin aux petits scandales qu'ils donnent, on n'augmenterait pas ces scandales. C'est une question de mesure.

Ce que je voulais prouver, dans ce premier examen des principes de la morale de Kant, avant de vous en montrer les ravages réels dans l'histoire de notre éducation, depuis quarante ans, dans les écoles primaires et normales supérieures de jeunes gens et de jeunes filles; ce que je voulais montrer, c'était une tendance qui, en définitive, n'a pas donné de bons résultats. Je ne prétends pas du tout jeter l'anathème sur la morale de Kant, prise en elle-même ; je prétends qu'elle n'est pas adaptée aux sensibilités extrêmement généreuses, extrêmement vives des Français ; je prétends qu'elle est ou trop austère pour nous ou... (je ne sais pas comment dire)... trop rectiligne. Je ne dis pas qu'elle nous corromprait toujours, mais elle ne nous sanctifierait qu'en nous rendant tous pareils les uns aux autres, ce qui aboutirait à une espèce de caporalisme prussien. Elle ne laisse pas place à la spontanéité.

Notez qu'il y a dans les vertus, en quelque sorte, une part d'invention, une part de génie personnel qui est tuée par le puritanisme. Croyez-vous — je vais terminer par un exemple concret — croyez-vous que c'est d'une école où l'on aurait enseigné la morale de Kant que sortent ces exemples d'héroïsme absolument imprévus que nous a donnés Barrès dans un article admirable de *l'Echo de Paris*, intitulé : « La boue des tranchées efface toutes les boues » ? Barrès parlait des « Joyeux », c'est-à-dire des bonshommes qui viennent des bataillons d'Afrique, qui sont des repris de justice, lesquels se sont conduits comme des héros dans les grandes batailles du Nord.

Barrès, dans cet article qui débute par ce mot sublime : « Les « Joyeux » ! que ce mot est triste ! » nous donne par des textes, des fragments de lettres, ou par des bribes de conversations avec des officiers, des exemples de ce que peut être la moralité, je dis même la sainteté d'un « Joyeux » venu d'Afrique, qui a peut-être été un escroc ou un assassin, et qui s'est battu comme un lion au delà d'Arras.

Je dis qu'il y a, dans cette moralité-là, qui renaît, qui repousse, qui a des rejetons dans des cœurs de jeunes Français, même tarés par tous les vices, une part de spontanéité, une part d'invention et de génie que jamais Kant n'a comprise, que jamais la morale de Kant n'a prévue. La morale de Kant, en stérilisant les élans du cœur, sous prétexte qu'ils sont intéressés et mènent au bonheur et au plaisir, risque de dessécher les cœurs.

Jamais vous ne ferez de l'héroïsme par autre chose que par l'invention des cœurs faibles ou forts, car les cœurs faibles deviennent héroïques, on l'a vu, lorsqu'ils sont mis en présence, non pas d'un grand devoir, mais d'une grande réalité qui est la patrie. Les « Joyeux » d'Afrique, les criminels d'avant-hier, qui sont devenus des chevaliers dignes de porter la croix sur leur cœur, en quelques heures de combat, je dis que ces gens-là n'ont pas été élevés dans des écoles où la morale de Kant était enseignée. Les écoles où l'on enseigne la morale du devoir pour le devoir, ne feront jamais peut-être des criminels ou des « Joyeux »; mais elles ne feront jamais de ces chevaliers nouveaux que nous saluons et que nous acclamons tous les jours, profondément humiliés de ne pas pouvoir les égaler !

TROISIÈME LEÇON

CONVENANCE DE LA MORALE DE KANT AVEC LES BESOINS PÉDAGOGIQUES DE L'ÉTAT FRANÇAIS DÉCATHOLICISÉ

TROISIÈME LEÇON

CONVENANCE DE LA MORALE DE KANT AVEC LES BESOINS PÉDAGOGIQUES DE L'ÉTAT FRANÇAIS DÉCATHOLICISÉ

Je vous ai dit, dans les deux premières leçons qui ont eu pour objet de vous rappeler sommairement les principes de la morale de Kant, que cet exposé de principes n'était fait que pour vous préparer à comprendre l'espèce d'harmonie préétablie qu'il y avait entre la morale de Kant et les nécessités pédagogiques, les nécessités d'éducation d'un État républicain qui, en France, était nécessairement un État décatholicisé. L'objet de la leçon d'aujourd'hui, ce sera d'insister précisément sur ces convenances entre la morale kantienne et cette obligation d'un État qui prétend enseigner la morale sans l'appuyer sur les doctrines, sur les dogmes qui seuls peuvent la fonder, c'est-à-dire sur la philosophie et la théologie catholiques.

Il faut bien se rendre compte que l'entreprise de l'État républicain français, depuis quarante-cinq ans, mais surtout depuis trente-cinq ans, depuis 1880, c'est-à-dire depuis le triomphe des vrais républicains, l'entreprise de cet État de fonder une éducation morale publique, faite pour tous les citoyens, à quelque confession qu'ils appartiennent par leur naissance, cette entreprise qui découlait nécessairement de la position même qu'avait prise l'État devant le pays, en prétendant remplacer toutes les institutions d'éducation traditionnelle par un organisme nouveau et officiel, présentait une difficulté qui ne pouvait pas échapper à l'intelligence, à la finesse très réelle des principaux organisateurs de l'Université républicaine. Moi-même, sortant de l'Université, je dirai qu'elle ne pouvait pas échapper à l'intelligence, très médiocre en pareille matière, des politiciens les plus vulgaires. Ce n'était pas seulement le ministre de l'Instruction publique, grand maître de l'Université; ce n'étaient pas seulement les recteurs de l'Université, les doyens de facultés, les professeurs de lycées et les directeurs de toutes les écoles primaires qui devaient se trouver en face de ce problème et qui devaient l'apercevoir, c'étaient les vulgaires politiciens qui ne vivent que de surenchère électorale, sur le terrain de la politique parlementaire républicaine, politique condamnée à s'orienter toujours à gauche, sous peine de paraître rétrograde, de paraître réactionnaire. Sur ce terrain de la politique parlementaire, on pouvait bien affirmer la nécessité d'avoir des écoles laïques, d'instaurer la laïcité absolue de l'État à tous les degrés de l'enseignement depuis l'école primaire jusqu'à la faculté ; mais, en même temps que l'on proclamait la nécessité de laïciser l'État enseignant, on se rendait compte que, dans l'éducation, il y a toute une série de considérations, de nécessités qui se prêtent très mal à ce que l'on appelle l'absolue laïcité, ce qui, ne l'oubliez pas, voulait dire : absolue indifférence religieuse. Laïcité en effet ne voulait pas dire simplement, dans le vocabulaire républicain, que l'on allait soustraire les écoles au clergé, que l'on allait prendre un personnel qui serait laïque, c'est-à-dire qui ne serait pas composé de clercs, qui ne serait pas revêtu d'un caractère sacerdotal; laïcité voulait dire, personne ne le conteste, absolue indifférence religieuse, qu'on traduisait par neutralité. Mais on se rendait compte que cette indifférence religieuse elle-même n'était pas réalisable dans l'action quotidienne de l'instituteur ou même du professeur, puisque, à chaque instant, à propos de toute question, soit d'histoire, soit de philosophie, soit simplement de morale civique, on devait rencontrer les croyances, les idées, les dogmes, les pratiques de la tradition catholique.

Laïcité, neutralité, même aux yeux des politiciens les plus bornés, étaient deux formules-limites en quelque sorte, deux idéaux, si on peut ainsi parler. Il fallait être aussi laïque que possible, aussi neutre que possible. Mais on se rendait compte que, dans un pays profondément formé par l'Église catholique, être tout à fait neutre était impossible, et être tout à fait laïque l'était aussi, même dans le sens le plus restreint du mot, attendu qu'il y a une partie de l'enseignement sur laquelle il est inévitable qu'un clergé garde un contrôle. C'est justement cette morale qui était en tête de tous les programmes et qui faisait l'objet principal de l'enseignement d'État dans l'école républicaine. Or, en morale, il est impossible d'enseigner à des enfants qui ont été formés par l'Église catholique, sans avoir affaire, d'une manière ou de l'autre, aux directeurs de consciences catholiques de ces enfants, c'est-à-dire au clergé. On ne pouvait donc s'en tirer par une simple prétérition. On ne pouvait pas passer sous silence la difficulté religieuse dans l'éducation. Il fallait, d'une manière ou d'une autre, trouver une solution qui fût à peu près tolérable, la plus tolérable possible pour les catholiques et même pour le clergé catholique, et qui cependant ne fût pas subversive de l'idée et du principe républicain français, lequel est, vous le savez, avant tout anti-romain et anti-catholique. Il fallait trouver un compromis dans l'ordre spirituel, une espèce de concordat dans cet ordre infiniment plus délicat que peut l'être l'ordre diplomatique et l'ordre militaire. Il fallait trouver un concordat avec cette Rome éternelle qui a ses assises et ses monuments dans les cœurs de tous les jeunes Français, nés de parents français. C'est à l'élaboration de cette entente, nécessairement boiteuse, que les politiciens invitèrent les universitaires, les professeurs, les éducateurs, les gens dont c'était le métier d'enseigner ces matières délicates, désintéressées, ces matières auxquelles ils se reconnaissaient, eux politiciens, incapables de toucher sans les salir ou tout au moins sans les déformer d'une manière grotesque. On s'adressa donc à certains philosophes, penseurs, moralistes, et on leur demanda d'élaborer les principes de la morale soi-disant laïque, mais nécessairement tout de même encore un peu religieuse, que l'on enseignerait dans les écoles de l'État.

Ce n'était pas chose facile. La difficulté d'enseigner la morale, au nom de l'État, à tout le monde, dans une école obligatoire et gratuite, par conséquent, qui, par définition, s'interdisait de voir des différences entre les citoyens, même leurs différences religieuses, leurs différences d'origine confessionnelle ; la difficulté d'enseigner ainsi la morale à un jeune public, que l'on était décidé à ne pas distinguer en plusieurs confessions, dans lequel on était décidé à ne pas apercevoir plusieurs formations morales et religieuses, déjà existantes et assez différentes les unes des autres, la difficulté était très grande.

Je commence par vous faire remarquer que la solution la plus grossière, celle qui consistait à écarter totalement l'idée de Dieu, ne fut pas, à l'époque où les projets de loi fondamentaux furent élaborés, envisagée comme acceptable par les fondateurs de l'école laïque. Ni Jules Ferry — et Jules Ferry représente ici le politicien, l'homme d'État — ; ni les conseillers et colllaborateurs qu'il se choisit dans l'Université, c'est-à-dire des esprits comme Steeg, comme Buisson, comme Pécaut, ne pensèrent un seul instant, au début, à cet athéisme grossier qui avait été rêvé par les fameux adeptes que M. Homais, de Flaubert, représentait dans chaque village. On ne voulait pas faire l'école sans Dieu. C'est une erreur de la polémique de droite, d'avoir parlé alors d'école sans Dieu à propos de l'école laïque. L'école laïque républicaine à la Ferry, à la Buisson, à la Steeg, n'est pas une école sans Dieu, ni une école irréligieuse ; elle est une école dont l'idée de Dieu n'est nullement proscrite. Mais ce qu'elle est, c'est l'école très rigoureusement fermée à toute espèce de définition catholique de nos relations avec Dieu. L'idée de Dieu, c'est-à-dire l'idée d'une Intelligence suprême gouvernant le monde, d'une Volonté infiniment puissante régnant sur le monde, cette idée n'a été effacée de la plupart des manuels que par une complaisance, qui ne s'est pas produite d'ailleurs dès le début en

1881, que par une complaisance maladroite et, au point de vue républicain, profondément impolitique, de quelques sectaires pour les vœux de ce fameux M. Homais, de ce type d'anticlérical complet, auquel je faisais allusion. La fameuse déformation des vers des fables de La Fontaine :

> Petit poisson deviendra grand
> Pourvu que *l'on* lui prête vie.

au lieu de « Dieu », cela a été fait, mais c'est un excès de zèle de quelques éditeurs qui s'imaginaient sans doute par là augmenter le nombre de leurs fournitures à l'école laïque. On trouve toujours, quand on est éditeur avisé, un imbécile pour faire un petit bouquin qui, par un coup de pistolet tiré à propos de bottes, se signale à l'enthousiasme des imbéciles de la coterie politicienne. Mais cela n'a pas été délibéré, voulu et projeté par les véritables fondateurs de l'enseignement laïque en France. Je connais plusieurs d'entre eux et je ne crois pas leur faire un compliment, mais rendre justice à leur hauteur d'esprit, à leur culture très complète, en disant qu'ils étaient au-dessus de ce point de vue ridicule.

Non, la question n'était pas là. La question était, encore une fois, de donner à l'enfant et au jeune homme une morale dans laquelle le sentiment de Dieu pût être soustrait aux directions et à la discipline du catéchisme catholique. Il s'agissait de faire de la religion, mais une religion qui n'aurait pris que ce qu'il y a de plus général, de plus vague dans le sentiment de Dieu, c'est-à-dire le sentiment du divin, le sentiment qu'il y a un mystère dans le monde, mais qui aurait refusé d'accepter aucune des définitions précises de ce sentiment ni aucune des idées positives par lesquelles il pût être confirmé et éclairci. On voulait faire de la religion la religiosité. On croyait qu'il était mauvais que l'homme perdît le sentiment du mystère des choses. On voulait même très bien faire de la poésie religieuse, de l'éloquence religieuse, tout ce qu'il y a de religieux, excepté ce qui se rapproche de la théologie ou plutôt ce qui est justiciable de la théologie.

A cela on donnait une raison. On disait : si nous faisons de la religion, en sortant du terrain des sentiments très généraux qui sont communs à la plupart des âmes délicates ; si nous faisons de la religion positive, nous risquons de mécontenter soit les consciences catholiques, soit les consciences protestantes, soit les consciences juives — israélites, comme on disait — qui ont le droit de venir se réunir sur les bancs de cette école gratuite et obligatoire. On disait : Nous ne pouvons pas entrer franchement sur le terrain religieux, sous peine de soulever des désaccords ; et cependant nous ne voulons pas nous interdire de prêcher cette religion naturelle qui est commune à la plupart des braves gens et dont les expressions se trouvent chez tous les grands penseurs et écrivains de l'humanité civilisée. On disait : Nous allons enseigner la religion de Jules Simon ; nous allons enseigner la religion naturelle ; nous allons enseigner, d'une manière générale, le respect du Mystère du monde et la confiance en la Volonté suprême qui mène ce monde ; nous allons faire du déisme — voilà ce que l'on aurait dû dire — et ce déisme, cela suffira pour fonder, pour justifier, pour autoriser la morale que nous enseignerons.

Certes, l'intention n'est pas ici en cause. Je ne dis pas qu'en voulant se cantonner sur le terrain du déisme, d'un spiritualisme assez vague, les fondateurs de l'enseignement laïque d'État aient eu l'intention de combattre toujours et aient toujours l'intention de combattre la théologie catholique et la morale catholique. Mais ce que je dis, c'est que, en fait, on devait se trouver amené à dire des choses plus hostiles au catholicisme que ne l'aurait été l'enseignement d'une morale simplement expérimentale et historique, où l'on aurait raconté des exemples de vertus d'héroïsme à la Plutarque. Une morale à la Plutarque, où l'on aurait pris dans l'antiquité, comme dans les temps modernes, des exemples de vertus humaines, aurait été moins contraire à la véritable morale catholique que ne l'était cette morale religieuse à moitié chrétienne que l'on essayait de développer. C'est alors que s'est en quelque sorte nécessairement et naturellement proposée à l'esprit des dirigeants de l'éducation publique, la solution kantienne.

La solution kantienne du problème moral présentait ce caractère très visible, très frappant au premier abord, d'élever aussi haut que possible, jusqu'à l'absolu, la notion du Devoir. La morale de Kant, a, nous l'avons vu, quelque chose de religieux : c'est sa notion du Devoir. Cette notion du devoir pour le devoir, notion qui n'est évidemment pas aussi concrète, aussi humaine, aussi adaptée aux besoins de la société que la morale catholique, cette notion du devoir kantien a cependant un caractère incontestable : c'est qu'elle ne laisse pas ravaler, rabaisser l'idée des devoirs particuliers. Elle ne les justifie pas ; elle n'en déduit pas la nécessité, la légitimité ; mais elle ne les rabaisse pas. Elle n'interdit pas qu'on les motive par des raisons extérieures. Au contraire, elle l'interdit si peu qu'elle voudrait que la seule raison que l'on invoquât fût celle, qui lui apparaît comme la plus haute de toutes, la plus désintéressée, c'est-à-dire, le sentiment de la conscience, de la dignité humaine considérée comme un bien inappréciable, intangible et absolu.

L'idée du devoir pour le devoir, l'idée kantienne que la conscience doit être le juge de toutes nos actions, que c'est en face de la conscience que nous devons nous placer pour juger de la valeur de la vie, pour juger l'organisation qu'il faut lui donner, cette idée-là n'est pas une idée irréligieuse. Ce n'est pas une idée qu'un catholique puisse déclarer blasphématoire ou basse ou trop matérielle. C'est une idée que l'on peut appeler élevée. Elle est si élevée, nous l'avons vu, qu'elle se perd dans les nuages ; mais enfin ce n'est pas une idée qui rabaisse la morale courante. C'est une idée qui la rend impratique, qui la dessèche et la stérilise, ce n'est pas une idée qui l'insulte ni qui la détruit, au moins dans l'intention.

Aussi, la pensée toute naturelle qui devait se présenter à l'esprit des fondateurs de l'école laïque, — et je parle ici, non pas des fondateurs politiciens, mais des autres universitaires qui cherchaient le programme de la morale dans l'école, — c'était de faire appel à la morale de Kant, à la morale du Devoir.

Quels sont en effet les défauts de cette morale? Nous les avons vus. Mais il se trouve que quelques-uns de ses défauts aussi bien que ses qualités, correspondent à merveille avec les nécessités, les conditions dans lesquelles se trouve placé l'éducateur laïque. Je vous ferai remarquer d'abord que l'éducateur laïque n'est pas précisément chargé de cette œuvre délicate entre toutes qu'on appelle la première éducation. L'éducateur laïque n'est pas tant chargé de former de jeunes esprits et de jeunes volontés à la pratique des devoirs essentiels, — cela c'est l'œuvre de la famille ; — il n'est pas tant chargé de cette œuvre délicate qu'il n'est chargé d'en donner après coup la théorie. La pratique pédagogique, elle a été fournie, en quelque sorte, par la famille, avant que l'instituteur n'ait à s'en occuper. On lui donne, et surtout on donne au professeur de lycée et au professeur de faculté, à éduquer des consciences déjà formées. L'inefficacité, la sécheresse, la stérilité pédagogique de la morale kantienne a donc de moins grands inconvénients qu'elle n'en aurait dans la première éducation. Remarquez qu'il s'agit d'apprendre des leçons de morale dont on gardera le souvenir pour l'examen. Il s'agit de donner des sujets de composition sur lesquels les jeunes gens pourront exercer leurs facultés de développement littéraire, leur imagination, leur raisonnement, leur jugement. Il s'agit en définitive, dans les manuels de baccalauréat comme dans les manuels primaires, beaucoup plus de parler de la morale que de la vivre. Il s'agit de disserter à son sujet. Nous sommes dans le domaine de la théorie, de l'abstraction. Le caractère d'insuffisance, pour la formation de la conscience, que présente la notion toute sèche du devoir kantien, pouvait paraître avoir peu d'inconvénients aux rédacteurs des programmes de l'enseignement primaire, secondaire et supérieur de l'Etat.

Mais en revanche, ces éducateurs, ou plutôt ces théoriciens de l'éducation, se trouvaient, par l'aspect général de la morale kantienne, mis à l'abri du reproche qui leur était fait par le parti contre lequel ils avaient à se défendre, par le parti des écoles confessionnelles, par cette droite qui, en politique, avait été vaincue par la gauche mais qui défiait la gauche sur le terrain scolaire. Le reproche d'athéisme, le reproche de matérialisme, pour dire le mot que répétaient les tenants des écoles libres contre l'école laïque, se trouvait assez facilement écarté par l'adoption d'un programme de morale kantienne ; car on pouvait toujours dire : Nous parlons du Devoir avec un grand D, nous donnons le Devoir comme absolu, nous parlons de la conscience comme soumise à une loi absolument catégorique. Vous êtes libres, vous éducateurs catholiques, d'ajouter à ces notions les démonstrations que vous voudrez puiser dans votre théologie ; mais vous ne pouvez pas dire que nous ayons tué chez notre élève commun, chez l'enfant qui est à la fois élève de nos écoles et élève du catéchisme, les racines de la morale, de la religion que vous allez lui enseigner, parce qu'encore une fois nous avons élevé à l'infini, à l'absolu, sa notion du Devoir. Vous allez diriger sa conscience ; mais nous, nous lui avons donné une très haute idée de sa conscience. Vous ne pouvez pas dire que nous en avons fait un petit animal, une petite brute, que nous l'avons corrompu.

Voilà quel était le reproche contre lequel les fondateurs de l'école laïque tenaient à se défendre avant tout, contre lequel ils se sont défendus, non seulement au Parlement, toutes les fois qu'ils ont été interpellés, mais aussi dans les livres, dans les journaux, dans les revues. Ils s'en sont défendus toujours avec une extrême abondance et toujours avec une apparence de raison.

Mais, c'est cette apparence que nous devons percer. Du fait qu'on a élevé très haut la notion de la conscience et la notion du devoir ; du fait qu'on envoie de l'école laïque au catéchisme un enfant qui a une très haute idée de sa conscience, de sa vie intérieure, est-il certain que, par là-même, on n'a pas nui à sa formation religieuse ? Pour répondre à cette question, je vous demanderai de vous rappeler simplement l'une des critiques que nous avons faites de la morale de Kant dans les deux leçons précédentes : c'est que l'idée de la conscience, juge souverain, telle qu'elle est enseignée par Kant, est difficilement conciliable avec l'idée de la conscience dirigée, jugée, et soumise à des autorités extérieures, telle qu'elle est enseignée par la morale commune et par la morale catholique, qui est au fond de cette morale commune, et qui, en réalité, en a été la source et le principe.

La conscience morale est une force, une puissance à laquelle on fait appel ; mais il faudrait se dire que, du moment qu'on la divinise, qu'on l'élève à l'absolu en tant que conscience, en tant que vie intérieure de l'âme, on s'expose à ce que tout ce qui est dans cette conscience, tout ce qui est vif et profond, a une certaine intensité, on s'expose à ce que tous ces éléments de la vie intérieure, sentiments brûlants, sincères, soient pris en eux-mêmes comme des absolus, alors que l'application que l'on en fait à la vie extérieure est imprudente ou erronée. Lorsqu'on dit à quelqu'un : Vous n'avez qu'un juge, votre conscience ; il faut que votre conscience soit satisfaite ; il faut que vous la suiviez dans tout ce qu'elle vous commande, on s'expose à ce que cet homme prenne pour des ordres de Dieu Lui-même ce qui n'est que le caprice d'une sensibilité qui peut être extrêmement délicate, extrêmement généreuse, qui peut même être héroïque, mais qui n'en est pas pour cela nécessairement accordée aux conditions réelles de la vie et du milieu dans lesquels elle se développe. En d'autres termes, on peut faire des anarchistes de la conscience ; on peut créer cet état d'esprit qu'un grand écrivain, que je citais l'autre jour, Barrès, a étudié autrefois chez un anarchiste célèbre. Ceux d'entre vous qui ont lu la *Cocarde* de Barrès et ses premiers livres se rappelleront ce qu'écrivait Barrès au sujet de la conscience d'Émile Henry, l'anarchiste qui avait lancé des bombes dans un café de la gare Saint-Lazare. Or, l'anarchisme qui va jusqu'à lancer des bombes peut être une expression de la conscience entendue au sens kantien, au sens intime ; l'anarchisme qui lance des bombes, cette espèce de faux héroïsme ou d'héroïsme tout subjectif, tout relatif, qui porte un être à tout sacrifier à la réalisation d'une idée, et qui, par là-même, montre que cette idée a des puissances de sacrifice, des puissances qui directement sont religieuses, je dis que cet anarchisme peut se développer dans une conscience entendue au sens kantien du mot, élevée à l'absolu, dans une conscience qui se dit : avant tout réalisons notre rêve intérieur, notre volonté intime ; ne fléchissons pas devant le dehors ; luttons... Et, si vous en voulez une formule tout à fait historique, je vous dirai que la formule : « Périssent les colonies plutôt qu'un principe ! » la formule révolutionnaire, la formule qui a présidé à tous les actes de folie publique dont est faite une partie de l'histoire de la Révolution, cette formule-là est une formule kantienne. C'est au nom de la conscience que Rousseau et les politiciens, ou les politiques et les hommes d'État issus de Rousseau, ont agi. C'est au nom de la conscience, entendue comme le souverain intérieur, le souverain intime de l'individu ; c'est au nom de la conscience juge et non jugée, qui commande et n'est pas commandée ; c'est au nom de cette conscience-là qu'on a fait de l'antimilitarisme, de l'antipatriotisme et même tout simplement de l'antisociété ; c'est au nom de la conscience, conçue comme la concevait Kant, qu'on a vu des Français cesser d'être Français pour faire partie de ce qu'ils croyaient être l'humanité, c'est-à-dire en réalité sortir de l'humanité en croyant y rentrer. Les excès de ce dieu intérieur, les ravages qu'il exerce sont incalculables.

Ce sont ces excès, ces ravages que vous trouverez — et j'aurai l'occasion d'en parler un peu dans une leçon prochaine — magnifiquement illustrés par la plus belle des éloquences dans les livres de Tolstoï. Ce sont ces ravages que les fondateurs de l'école primaire, en prenant comme guide unique la conscience, n'ont pas prévus. Il ne faut pas dire qu'ils les ont voulus. S'il y a eu des antimilitaristes en France, parce que certains jeunes ouvriers français ou jeunes bourgeois français ont cru que leur conscience les obligeait à refuser le service militaire — car c'est cela —; s'il y a eu des Hervé, qui ont essayé de détourner à un moment leurs élèves du service du drapeau, il faut se dire que c'était au nom de la conscience. A l'heure même où il faisait de l'antimilitarisme et où il écrivait dans le *Pioupou de l'Yonne*, au début de sa carrière comme professeur de l'Université, je puis vous dire qu'Hervé prenait sur son maigre traitement de professeur et mangeait pour treize sous par jour, afin de réserver à la propagande toutes les économies qu'il pouvait faire sur son nécessaire ; et parmi ses élèves, et parmi ses camarades de l'Université, il se donnait, avec une passion furieuse et qu'il croyait sacrée, à la diffusion de certaines de ces idées qui formaient toute sa conscience, l'idée d'humanité lui apparaissant supérieure, elle aussi, à l'idée de nation. Il ne faut pas craindre de le dire, si la France se considère comme la première des nations, c'est parce qu'elle est la seule chez laquelle, dans le monde moderne, l'humanité soit arrivée à la pleine conscience d'elle-même. Si l'idée de l'homme, par exemple, est supérieure à l'idée de l'homme de telle ou telle race ou de telle ou telle patrie ; s'il est vrai, comme le dit Platon, que l'homme en tant qu'homme est plus réel que l'homme qui s'appelle Callias, qui s'appelle de tel ou tel nom, qui est de tel ou tel village ; s'il est vrai que cette idée est la plus haute de toutes, c'est en tant qu'elle est une idée religieuse, c'est en tant que l'idée qu'on se fait de l'homme, lorsqu'on le conçoit ainsi, dépasse l'homme. Mais lorsque les humanitaires sacrifiaient l'idée de nation à l'idée d'humanité, s'il est vrai qu'ils n'avaient pas tort en théorie de hiérarchiser ainsi ces deux idées, il est vrai qu'en pratique, il est vrai qu'en histoire, ils se trompaient, parce que, historiquement, l'humanité se développe en fonction de chaque nation, et pour nous, en fonction de la France.

Si ces excès étaient inévitables, il ne faut pas dire qu'ils étaient prévus ; il y aurait injustice de notre part à le prétendre. Mais, est-ce une raison pour que nous ne prenions pas de précautions contre leur retour ? De ce que l'idée d'humanité, jetée dans les consciences par l'école primaire, a fait hésiter un instant les jeunes Français, tant qu'il ne s'agissait que d'une théorie, avant que ne sonnât l'heure de l'action réelle, sur la hiérarchie de leurs devoirs, cela suffit pour que nous devions prendre toutes mesures pour qu'une telle hésitation ne se produise plus à l'avenir. Si donc il était prouvé que l'éducation subordonnée à l'unique principe kantien, au principe de la conscience, néglige ou manque la solution du problème que se pose tout éducateur, à savoir l'établissement de la hiérarchie des devoirs, cela suffirait pour que nous proscrivions cette espèce de philosophie, qui peut s'appeler déisme, qui n'a rien de grossier, que nous n'injurions pas, mais dont nous ne voulons pas pour de jeunes Français, et qui est en réalité l'éducation kantienne, piétiste, protestante.

Toutefois, il conviendrait de se rendre compte aussi que l'éducation kantienne correspondait à certaines nécessités qui ne sont pas contestables et sur lesquelles il nous faut jeter un regard.

Le problème était, je vous le rappelle, de ne pas froisser les consciences des jeunes gens ou des élèves qui appartenaient à des confessions religieuses différentes. Pour ne pas les froisser, une fois qu'on les avait réunis dans une même école, nous nous rendons très bien compte qu'il était indispensable de ne point aller dans l'enseignement de la morale jusqu'à l'énoncé des motifs donnés par l'une des Églises à laquelle ils appartenaient. Mais alors, me direz-vous, pourquoi les réunissait-on dans la même école ? On les réunissait dans la même école et on se condamnait ainsi à faire une sorte de cote mal taillée, qu'on appelait la neutralité, entre les différentes origines religieuses de la moralité de chacun d'eux, en vertu d'une nécessité à laquelle on ne pouvait pas échapper, parce que celle-là, elle n'était pas d'ordre sentimental, d'ordre intime, d'ordre fantaisiste, si on peut dire. Ce n'était pas une nécessité morale, c'était une nécessité politique qui obligeait de réunir des enfants, issus de diverses disciplines religieuses, dans une même école, où cependant, dès qu'on aborderait le cours de morale, il faudrait faire de la religion sans en faire, il faudrait faire de la religiosité pour ne pas faire de la religion positive. Cette nécessité d'ordre politique, c'est que l'État s'était institué éducateur. L'école était payée et construite par les fonds prélevés sur l'impôt ; l'école était institution d'Etat ; elle appartenait à la commune. L'école par définition était faite pour tous, parce qu'elle était créée par un organe, l'État, lequel est censé représenter tout le monde. École obligatoire, école gratuite, commandait immédiatement école laïque, c'est-à-dire neutre, et comme on ne peut pas être neutre en religion, c'est-à-dire école spiritualiste, école déiste, mais école qui ne sera ni protestante, ni catholique, ni juive.

Il le fallait. On ne pouvait pas ne pas enseigner la morale ; on ne pouvait pas non plus l'enseigner, telle qu'elle est créée en France par l'éducation que donnent les familles. Pourquoi ? Parce que l'État français croyait n'avoir plus la possibilité de se dire catholique dans l'enseignement, étant donné l'état de division religieuse des Français à partir de la fin du xviii° siècle. Un régime qui veut créer une école d'État, dans une France divisée religieusement, est amené à faire cette école désastreuse, au point de vue psychologique et moral, qu'on appelle l'école neutre, l'école de la conscience, juge souverain. Un État français qui veut enseigner dans une France divisée, un État qui ne veut plus être pouvoir temporel seulement, mais qui veut être un pouvoir spirituel dans un pays divisé au point de vue spirituel, cet État donnera une doctrine spirituelle qui, parce qu'elle prétend convenir à tout le monde, restera nécessairement dans le vague, soit involontairement, soit volontairement; involontairement, nous n'aurons qu'à en gémir ; volontairement, nous n'aurons qu'à la stigmatiser de l'épithète d'hypocrite. Mais, dans la mesure où l'État enseignant veut être éducateur, où il ne se contente plus de distribuer la science, les sciences positives, les sciences de la nature, dès qu'il touche même aux sciences morales comme l'histoire, l'État doit essayer d'être neutre, c'est-à-dire doit aboutir à cette espèce de compromis, de cote mal taillée à laquelle le kantisme essaie de donner une consistance.

Mais, me direz-vous, pourquoi l'État tient-il absolument à devenir un pouvoir spirituel ? Pourquoi l'État républicain, dans une France divisée au point de vue spirituel, ne s'est-il pas rallié à la solution qui paraissait dictée par les faits, c'est-à-dire à celle qui aurait livré l'école à l'initiative spontanée des groupements religieux existants : l'école protestante dans les communes où les protestants sont en majorité, l'école catholique dans les communes où les catholiques sont en majorité ? Et en effet, la solution décentralisatrice, laquelle est une des formes les meilleures que puisse affecter la liberté spirituelle dans un pays divisé, eût été une bonne solution. Qui veut faire de la liberté, sans faire de la décentralisation, se condamne à ne faire que du vague et de l'hypocrite. Pour ne pas froisser les consciences catholiques, les consciences protestantes, que l'on a rapprochées sur les mêmes bancs, on dissimulera, on passera sous silence, ce qui est le plus vif, le plus précis, le plus essentiel dans la morale, c'est-à-dire les principes religieux sur lesquels elle se fonde. Faire de la neutralité était, disait-on, une nécessité, tant que l'État dans notre France, divisée au spirituel, prétendait faire de l'éducation, c'est-à-dire exercer un pouvoir spirituel. Il fallait ne faire que de l'enseignement et renoncer à faire de l'éducation, ou bien il fallait faire de l'éducation, mais décentraliser.

Pourquoi donc l'État républicain n'a-t-il pas pris le parti de faire de l'éducation décentralisée, c'est-à-dire de laisser aux groupements confessionnels et professionnels le soin d'élaborer les programmes de morale ? Vous l'apercevez immédiatement. C'est que l'objet propre de l'école, dans le régime de l'État républicain, n'est pas tant de préparer des hommes à la vie sociale que des citoyens à leur rôle civique. Il ne s'agit pas de préparer de bons menuisiers, de bons forgerons, de bons médecins, de bons prêtres, de bons officiers, de bons commerçants ou de bons industriels ; il ne s'agit pas de préparer des modèles, des spécimens intéressants et complets des aptitudes diverses de la nation ; il s'agit de préparer des électeurs ; il s'agit de préparer des hommes qui aient tous dans le cœur et dans l'esprit une idée assez semblable de la France, de ses destinées, de son histoire, de son passé et de son avenir, pour que ces hommes, lorsqu'ils exprimeront leur volonté dans les élections, ne risquent pas

Vaugeois. — Morale

perpétuellement de disloquer ce pouvoir spirituel qu'est la République, qu'est la Révolution française, et qui a remplacé chez nous le pouvoir temporel, le pouvoir historique, le pouvoir enraciné dans les siècles et dans l'expérience, qu'était la Monarchie. La France est obligée de se gouverner elle-même par une idée, par un état d'esprit commun à tous les citoyens. Et c'est cela, la République. La République, c'est une certaine conception philosophique ou théocratique; comme vous voudrez, car on peut rêver une République catholique ; c'est une certaine conception qui identifie tous les pouvoirs au pouvoir spirituel. La République est le plus religieux de tous les gouvernements ; mais, dans un pays où des divergences religieuses se sont produites, le plus religieux de tous les gouvernements se croira obligé de se rattacher à celle des religions qui risque le moins de froisser les diversités religieuses, c'est-à-dire à celle qui est la plus vague, à celle qui, en prétendant tout dire sur les questions supérieures que se pose l'humanité, ne dit en réalité rien du tout. Il fallait que l'État républicain éducateur eût une doctrine religieuse. Il fallait que cette doctrine fût protestante, parce que le protestantisme est essentiellement la doctrine qui déclare inutiles les déterminations particulières du sentiment du divin, les canalisations particulières aussi de l'action divine qui sont données par les dogmes et par un clergé. Cette canalisation, cette distribution du surnaturel dans le monde, c'est un clergé qui l'assure et ce clergé n'a pas sa tête à Paris ; mais il a sa tête à Rome. Et cette théocratie, n'étant pas possible dans un État comme le nôtre, où le pouvoir temporel n'est plus représenté, cette théocratie catholique étant infiniment plus impossible encore que ne l'était, que ne paraissait l'être la Monarchie... — on vous disait à ce moment-là : La Monarchie est impossible ! Et des gens proposaient la théocratie catholique ; — cette théocratie catholique, paraissant beaucoup plus impossible encore que la Monarchie, il fallait, à tout prix, que l'on eût une théocratie protestante. La République est un gouvernement religieux qui confond le spirituel et le temporel et, en tant qu'elle a juridiction sur l'école, elle se voit obligée d'avoir des écoles pour former des consciences dont le total fait toute sa substance, sa solidité, sa base. L'unité nationale n'est qu'une unité religieuse. Cette unité ne pouvait pas être catholique, parce que, en l'absence du Roi, l'unité catholique aurait été obligée d'avoir sa tête uniquement à Rome, et la France aurait été comme une âme sans corps. C'eût été faire de la France une espèce de Genève catholique, et ceci, répugnant au bon sens français, les politiciens du régime républicain, pris dans ces difficultés inextricables, étaient en quelque sorte orientés, jetés vers une solution théocratique protestante. Il fallait une théocratie, puisqu'il n'y avait plus de Monarchie, puisque la République n'est qu'une idée. La théocratie catholique étant impossible, ils choisirent la théocratie protestante.

Voilà la raison, à la fois historique et religieuse, des nécessités politiques qui se sont imposées aux fondateurs de l'école laïque en France. Ils ont été obligés ou de rompre, ou de risquer de rompre, l'unité spirituelle, l'unité morale qu'ils avaient commencé d'échafauder sur le spiritualisme protestant, — et c'est ce qui serait arrivé s'ils avaient décentralisé l'école, — ou de continuer à essayer d'échafauder cette unité protestante, cette unité kantienne ; et alors je prétends qu'ils ne pouvaient continuer qu'à échafauder — c'est une expression beaucoup trop physique et concrète

— qu'à attiser la flamme qui servait tant bien que mal à unifier la nation, la flamme révolutionnaire, la flamme des Droits de l'homme. Ils ne pouvaient continuer à attiser cette flamme qu'en lui donnant des aliments nouveaux, et c'est ici que je vous prie de remarquer que toute l'œuvre éducatrice de la Troisième République aboutit à préparer des consciences dreyfusiennes, c'est-à-dire des consciences qui, un beau jour, se persuaderont que la nation elle-même doit se sacrifier à l'idée qu'elle se fait de sa mission, des consciences qui diront : la France est le Christ des nations. Elle doit se désarmer plutôt que de laisser possible une erreur judiciaire, plutôt que de risquer de manquer une fois au respect des droits de la personne humaine. La France républicaine était obligée de tout sacrifier, y compris l'armée, y compris les frontières s'il avait fallu, à l'idée de justice absolue, intemporelle, inconditionnelle, à l'idée de la justice malgré tout et envers et contre tout, envers une conscience individuelle, qui était la conscience d'un prétendu martyr, d'une prétendue victime d'une erreur judiciaire. Le refus de sacrifier un individu, parce que l'on considérait que sa conscience, sa vie individuelle est quelque chose d'absolu, quelque chose qui vaut mieux que l'univers ; refuser de sacrifier un seul individu, parce que l'individu est devenu dieu, aux nécessités de la patrie, de la société, telle a été toute l'affaire Dreyfus, toute la philosophie du dreyfusisme.

Je dis que le dreyfusisme n'a pas été autre chose que l'application stricte de la morale kantienne, qui traite toujours l'homme comme une fin et jamais comme un moyen, c'est-à-dire qui ne le subordonne jamais à quelque chose qui paraîtrait valoir mieux que lui. Le respect de l'individu, poussé jusqu'au chambardement de la société et de la patrie en faveur de Dreyfus, est l'application stricte de la morale primaire, telle qu'elle a été rêvée par Jules Ferry.

Jules Ferry était né auprès de cette ligne bleue des Vosges dont il parlait avec un respect et avec une affection profondément sincères. Pourtant, c'est l'école fondée par Jules Ferry qui a préparé des adhésions à la campagne dreyfusienne, laquelle a été la destruction de notre Service des Renseignements, la destruction du respect de l'armée, la destruction de l'armée de trois ans. Bref, c'est un Lorrain, Jules Ferry, bon patriote, qui a contribué à préparer ce désarmement de la France, dont les sapins des Vosges portent aujourd'hui la trace, sous forme d'éclaboussures du sang des jeunes Lorrains tués sur leurs sommets et dans leurs vallées.

Voilà ce qu'a préparé la conscience de Jules Ferry, une conscience que je ne soupçonne pas un seul instant d'avoir fléchi devant ses devoirs particuliers, qu'elle tenait d'ailleurs d'une éducation ancestrale catholique, mais qui avait divinisé en lui une notion du devoir tellement folle que c'est au nom de cette notion qu'on a failli tuer la France.

Plus vous étudierez l'histoire de la grande révolution morale qu'a été le dreyfusisme, révolution qui est à peine finie, puisqu'elle n'a fini, on peut le dire, que le 2 août de l'année 1914 ; plus vous étudierez cette histoire de quinze ans qui est la partie essentielle de l'histoire de la Troisième République ; plus vous étudierez cette histoire de l'âme du régime, de cette âme kantienne, de cette âme tout entière livrée au culte du Devoir pour le Devoir, qui n'admet pas d'autorité extérieure, plus vous vous rendrez compte qu'il était peut-être nécessaire, pour nous en guérir, que la maladie arrivât à ses conséquences sanglantes.

Il y a encore aujourd'hui des jauresistes ; c'est vous dire la profondeur du mal. C'est que le jauresisme, le dreyfusisme, l'antimilitarisme, le pacifisme sont liés chez certains Français, nés bons Français — d'une famille de marins comme la famille de Jaurès — sont liés dans l'éducation des Français, depuis quarante ans, aux principes les plus généraux qui leur ont été inculqués comme des vérités religieuses. Pour guérir le dreyfusisme, pour noyer en quelque sorte la plaie dreyfusienne, il a fallu des flots de sang. C'est peut-être une raison pour que nous prenions la résolution de tout faire, en vue d'une reconstruction de l'éducation nationale, sur des plans diamétralement opposés en philosophie, aux plans de Jules Ferry, de Buisson et de tous les kantiens français.

Au fond, l'histoire a sa logique. Il est frappant que le mal nous soit venu d'un philosophe allemand. Oui, notre empoisonnement moral nous est venu d'un docteur allemand, on peut dire quarante ans avant que les obus nous vinssent des généraux allemands. Le bombardement de la cathédrale de Reims n'a pas été fait seulement au nom d'un intérêt matériel, disons-le-nous; il a été fait au nom d'une doctrine. Cette doctrine, c'est, je le répète, la doctrine dont vivent moralement les Prussiens ; c'est la doctrine de l'individualisme religieux qui a été illustrée, qui a été portée à son maximum par le prophète Luther. L'éducation allemande vient de donner ses fruits. Elle prouve qu'une race tout entière, élevée dans ce culte de la conscience individuelle juge d'elle-même, était capable de sacrifices ; mais elle n'est capable de sacrifices qu'à une idée monstrueuse et fausse ; elle n'est capable de sacrifices que sous le fouet d'un orgueil véritablement extra-humain. La conscience allemande ne donne rien à moins de donner du monstrueux. La conscience allemande ne donne rien de grand, qui puisse rester en même temps raisonnable, humain et sociable. Elle ne donne rien de grand sinon dans l'énorme, et l'énorme, c'est presque toujours l'atroce et l'horrible. C'est une orgie de métaphysique qui nous arrive par la bouche des canons Krupp. C'est véritablement, avec des idées religieuses ou du fanatisme religieux, que l'on nous bombarde. C'est contre notre raison traditionnelle ; c'est contre notre équilibre, fait à la fois de la spontanéité des idées innées de notre race et de la culture qui lui est venue de l'Église romaine et éternelle, c'est contre cette civilisation-là que l'Allemagne tout entière s'est dressée. Pour maintenir cette civilisation, il est évident qu'il faut vaincre l'Allemagne. Mais ajoutons que cela ne suffira pas. Il faudra nous réapprendre et apprendre à nos compatriotes, l'admiration, l'intelligence des idées, des doctrines et des disciplines, qui ont fait cette France ce qu'elle est : la tête de l'humanité.

QUATRIÈME LEÇON

L'ECOLE LAIQUE DES GARÇONS
FERRY, BUISSON

QUATRIÈME LEÇON

L'ECOLE LAIQUE DES GARÇONS.
FERRY, BUISSON.

Nous nous proposons ici d'examiner quelle a été l'application de la philosophie kantienne à la pédagogie, et, par conséquent, quel a été le rôle qu'elle a joué, qu'on l'ait voulu ou non, mais qu'elle a joué, presque fatalement, dans l'élaboration de la morale enseignée dans les écoles primaires, tant de garçons que de filles, sous la Troisième République, depuis la réforme de l'enseignement dite laïcisation, réforme que nous pouvons dater, je crois, à peu près de 1880, c'est-à-dire des débuts de la République véritablement républicaine. Ce qui s'est passé entre 1870 et 1878-1880, n'était en effet qu'une série de tâtonnements, qui se faisaient encore, on peut le dire, sous l'inspiration des partis conservateurs. C'est seulement à partir de 1880, que l'œuvre scolaire de la République a pu être entreprise et mise par les républicains sous la direction d'hommes à eux, qui étaient chargés, comme nous le disions l'autre jour, d'élever, de transporter dans une sphère un peu philosophique, digne des questions morales dont il s'agissait, les vues gouvernementales, politiques, les vues même administratives que le gouvernement démocratique était obligé d'adopter.

Je vous rappelle que ces vues gouvernementales, administratives, politiques, ces vues d'ordre temporel se peuvent ramener toutes, en ce qui concerne l'enseignement, à un projet, suivi avec persévérance, de centraliser de plus en plus, pour l'unifier de mieux en mieux, l'esprit de la masse électorale, qui est en préparation et en germe sur les bancs des écoles. Et je n'ai pas besoin de vous rappeler que la raison de cette centralisation, de cette unification morale, que l'on chercha à faire de la masse de la nation, cette raison était politique et constitutionnelle.

Pour que l'unité nationale reste solide et indissoluble en République, puisque cette unité n'est pas incarnée dans une dynastie, il faut nécessairement que cette unité soit continuellement faite sous la loi de ce qu'il faut véritablement appeler une religion d'État, l'État démocratique ne pouvant pas arriver à l'unité, comme pouvoir temporel, puisqu'il est le multiple, la diversité, la division même, en vertu de la lutte des partis. Il ne peut arriver à l'unité que comme pouvoir spirituel. Un gouvernement républicain est donc placé dans cette situation paradoxale d'être plus obligé de devenir une théocratie que n'y a jamais été obligé aucun gouvernement monarchique. La raison de mécanique politique, qui obligeait l'État républicain à se faire non seulement enseignant, mais éducateur, docteur et presque théologien, cette raison découlait nécessairement de cette définition même de sa nature : il est le gouvernement du nombre. Or, pour gouverner avec le nombre, d'une façon stable, il faut un gouvernement unifié. Il faut faire une tête spirituelle à un pays, lorsqu'on a refusé de lui donner une tête temporelle.

Telle étant la grande nécessité politique du régime républicain de devenir un pouvoir spirituel ; telle étant, d'autre part, la nécessité du pouvoir républicain en France de ne pas devenir un pouvoir spirituel catholique, puisque la tradition de la Révolution française, de la démocratie, des Droits de l'homme, était tout entière infectée de protestantisme ; puisque l'âme même du régime, ne pouvait pas unifier la France sous la loi catholique, ne pouvait pas être une théocratie catholique, l'âme du régime était forcée de tendre de plus en plus à se soumettre aux directions d'une théocratie protestante. Il fallait donc de deux choses l'une : ou que, dans le choix des directeurs, des inspirateurs de l'éducation publique, on s'adressât à des protestants, nettement qualifiés ainsi par leurs origines et par leur éducation, et que l'on s'adressât exclusivement à eux ; ou il fallait que l'on s'adressât à des esprits qui, sans être précisément élevés dans le protestantisme, tendaient à s'en rapprocher, par des raisons autres que leurs origines de famille et d'éducation, par l'orientation de leur pensée philosophique et de leur vie morale. C'est ce qui est arrivé.

Jules Ferry, qui est le fondateur de l'école laïque française, c'est-à-dire de l'école religieuse tendant à devenir protestante, — qu'il l'ait voulu ou non, car il n'était pas protestant,—Jules Ferry fut amené à chercher dans l'Université, pour organiser l'enseignement primaire et surtout l'éducation primaire et surtout la morale laïque, des esprits dont les méditations fussent orientées, à l'opposé de Rome, vers Genève.

Qu'il y eut en France et notamment dans l'Université de France, et en général chez tous les Français qui avaient le goût des pensées philosophiques, des esprits orientés vers une sorte de protestantisme, c'est ce que vous savez et c'est ce que vous vous expliquerez à merveille, si vous vous souvenez que la grande préoccupation de ceux des Français qui se détachent du dogme catholique, ç'a été presque toujours de garder la morale sans le dogme, de garder l'Évangile sans l'Église, de garder ce qui, dans la morale évangélique, coïncide à merveille avec les dispositions très généreusement idéalistes de la race française : l'idée de fraternité. L'idée révolutionnaire de fraternité est une traduction de l'idée évangélique de charité. C'est la laïcisation de la charité. Bref, les Français, et notamment les Français les plus attachés à la Révolution, c'est-à-dire les plus hostiles à l'Église, étaient en même temps très attachés aux idées et aux tendances morales qui sont représentées par le christianisme et par l'Évangile. Et qu'est-ce qu'un homme, attaché à la morale évangélique et détaché du dogme catholique, sinon un protestant sans le savoir ? On peut dire que le protestantisme libéral, — car le protestantisme orthodoxe, avec ses symboles et ses Églises, est depuis longtemps en pleine décadence — n'est pas une religion, qu'il est une simple philosophie, essayant de se croire religieuse, de garder des vues religieuses, mais enfin destiné à devenir de plus en plus une philosophie, c'est-à-dire à détacher de plus en plus les idées les plus hautes de la conscience humaine du fait historique qui s'appelle la révélation. L'idée que la révélation n'est pas transcendante, n'est pas venue des autres et du dehors, qu'elle est intérieure, qu'elle naît du dedans, et non pas seulement à une certaine date de l'histoire, mais qu'elle naît toujours et partout, dans toute conscience ; l'idée d'une révélation perpétuelle, spontanée, et en quelque sorte immanente et non transcendante, n'est-ce pas précisément le protestantisme ? Je n'ai pas besoin d'insister sur cette idée : c'est tout l'esprit protestant. La notion de la vie intérieure, qui est une des notions les plus précieuses que l'on puisse cultiver, fait aujourd'hui presque tout l'objet de la religion protestante. L'idée de rattacher la vie intérieure à des puissances extérieures ; l'idée que l'âme a besoin, pour communiquer avec Dieu, de passer par des intermédiaires qui ne sont pas simplement ses idées, l'échelle platonicienne de ces idées, mais par des intermédiaires qui sont véritablement des ministres, par un clergé, et non seulement par un clergé, mais par des sacrements, bref l'idée que la vie spirituelle ne s'achève qu'en rentrant en communication avec le monde physique par un miracle, cette idée-là est rejetée par tout le protestantisme libéral. Mais vous remarquerez qu'elle est tout le catholicisme. Et c'est parce que l'idée de la vie spirituelle, considérée comme naissant indépendamment d'une révélation, est le fond du protestantisme, qu'elle se trouve très facilement d'accord avec les aspirations des esprits philosophiques qui sont simplement des rationalistes et qui, sans s'attacher plus particulièrement à la tradition protestante, cherchent cependant une morale, comme ils l'appellent, indépendante, spirituelle, gardant un parfum de vie chrétienne. C'est à cause de cette coïncidence entre le spiritualisme purement rationaliste et détaché de l'idée de miracle, et le protestantisme, que l'alliance s'est faite, très facilement, entre les philosophes français, détachés du catholicisme, et les pasteurs protestants.

L'idée de rapprocher notamment les professeurs de philosophie de l'Université des pasteurs protestants, de les mettre en conversation avec eux, de leur faire tenir avec eux des conférences très courtoises pour l'examen, pour la recherche de la morale que l'on devrait donner à la France par l'école; cette idée de causer entre philosophes et pasteurs, était l'idée favorite des fondateurs de l'école laïque. Ces conversations ont été nombreuses, faciles et courtoises, bien entendu. Elles n'ont jamais abouti à des incidents, à des ruptures nettes ni violentes, jusqu'à ce que l'une des deux tendances, la tendance religieuse protestante, se soit trouvée, par les événements, prendre corps dans certaines questions passionnantes qui soulevaient des querelles civiques ; et je vous ai dit que la première, on peut presque dire la seule de ces questions, a été la fameuse question soulevée par ce que nous appelons à « l'Action française » la révolution dreyfusienne. Jamais les conversations entre philosophes universitaires et pasteurs protestants, conversations où l'on cherchait en commun, avec beaucoup de bonne volonté, une moyenne de spiritualisme, d'idéalisme, de kantisme à trouver pour les programmes de l'école laïque, n'auraient cessé, sans l'affaire Dreyfus.

Certaines personnes se sont dit que ces entretiens pourraient reprendre après l'affaire Dreyfus. On s'est dit : mais puisqu'on a été sincère des deux côtés ; puisque ceux d'entre les philosophes universitaires qui se sont trouvés d'accord avec des protestants pour prendre parti contre l'État et pour l'individu, dans la question Dreyfus, ont été profondément désintéressés dans leurs motifs ; puisqu'il n'y a eu là qu'une erreur, dont les dernières conséquences paraissent avoir été effacées par la sincérité et la bravoure avec lesquelles les anciens dreyfusiens ont, comme les autres, pris leur part de l'effort de défense nationale, au moment où cet effort était devenu indispensable, c'est-à-dire, je ne dis pas seulement le 2 août 1914, mais déjà deux ou trois ans avant ; puisque même d'anciens dreyfusards ont voté la loi de trois ans, se sont séparés sur ce point des internationalistes de l'école de Jaurès ; beaucoup de très bons Français, appartenant à l'élite des penseurs et des moralistes de notre pays, se sont demandé s'il n'y aurait pas lieu de reprendre ces échanges de vues philosophiques et religieuses, plus tard, après la paix conquise et conquise à tout prix, la paix civique, la paix philosophique, la paix religieuse. Bref, ce que nous avions rêvé, étant jeunes professeurs, on le rêve encore.

Puisqu'on le rêve encore, je crois qu'il est prudent et utile d'essayer, de bonne foi, d'attirer l'attention de ceux de nos compatriotes qui ne pensent pas comme nous, sur les difficultés intellectuelles, les difficultés qui ne peuvent pas être résolues par un mouvement de passion ni pour ni contre, d'une morale laïque enseignée par l'État, telle que certains organisateurs de la République, avant la guerre, l'avaient rêvée. C'est donc sur ces difficultés que je voudrais attirer ici votre attention.

Je répète que je ne veux pas me livrer à une critique, par trop facile, des absurdités que l'on trouve dans certains manuels, que je vous disais être inspirés d'une morale de la conscience pure et de l'impératif catégorique. Il y a des absurdités antimilitaristes notamment, des absurdités pacifistes que je n'hésite pas à appeler anarchistes, à chaque instant, dans l'enseignement de l'histoire et de la morale, et surtout de la morale, telle que nous la trouvons dans les manuels, notamment dans le manuel de Payot que j'ai sous les yeux. Je ne vous présenterai pas, sous leur forme, et en faisant des citations qui seraient trop accablantes, les injures jetées à l'Ancien Régime, à tout ce qui représentait les autorités extérieures intervenant dans l'ordre spirituel, par exemple à l'Inquisition dénoncée comme une institution, qui aurait continuellement empêché les Français de tous les siècles monarchiques de penser librement; enfin ce que l'on pourrait appeler les images d'Épinal de cet anti-cléricalisme, qui a très souvent rempli les manuels primaires. Ces images d'Épinal, je ne veux pas les remettre sous vos yeux. Je veux les oublier. Je trouve plus équitable et plus intéressant d'essayer de nous placer au point de vue de ceux d'entre nos contradicteurs, qui réprouveraient ces images d'Épinal, mais qui, en vertu même de leurs principes, n'ont pas, dans leur esprit, de quoi les condamner d'une façon convaincante. Les condamner comme des excès, cela n'est rien. Condamner les excès et les grossièretés du pacifisme, — par exemple les images qui représentent les batailles avec, au-dessous, des légendes disant que c'est la bestialité humaine déchaînée ; disant que « l'histoire-bataille » ne doit pas être enseignée ; qu'il ne faut plus enseigner que « l'histoire-traités », « l'histoire des congrès de la Paix », que, dans un avenir plus ou moins prochain, tous les conflits armés seront résolus pacifiquement devant un tribunal comme celui de La Haye ; que les guerres sont des survivances du Moyen-Age ; que le progrès de l'humanité supprime la violence physique ; — toutes ces niaiseries, je les négligerai. J'aime mieux, encore une fois, aller aux principes mêmes.

Si nous cherchons ces principes, je crois que c'est encore dans la doctrine de Kant que nous les trouverons formulés avec le plus de sérénité, de gravité et, on peut dire, de rectitude.

Ramenée à son essentiel, vous avez vu que la morale de Kant consiste surtout à proscrire de l'éducation et de la pédagogie la considération — c'est l'enseignement de la morale — des buts intéressés et sensibles des actions humaines; par exemple le bonheur, le bien-être, le plaisir, l'intérêt, et à demander que le sujet moral agisse sans considération du résultat de ses actions, résultat heureux ou malheureux ; à demander que la loi morale soit respectée pour elle-même, indépendamment de ses effets extérieurs et sociaux. C'est la satisfaction du devoir accompli qui est l'unique sanction de la morale kantienne.

Or, dans les manuels primaires, il me semble que c'est aussi la satisfaction du devoir accompli, l'idée du devoir pour le devoir qui est répétée, à propos de chaque devoir, avec la même force, avec la même intensité, si l'on peut dire, disons avec la même éloquence, mais sans qu'il soit possible de discerner les raisons pour lesquelles tel devoir serait plus important que tel autre et, par conséquent, sans qu'il soit possible de restituer une hiérarchie de ces devoirs qui coïncide avec l'organisation visible, extérieure de la société dans laquelle nous sommes plongés. Si nous réalisons cette abstraction dans des termes concrets, je ne vois pas comment les devoirs envers la patrie pourront, dans la morale de Kant, être présentés comme supérieurs aux devoirs envers la famille, et comme devant, dans certains cas, passer avant ces devoirs. Je ne vois pas cela dans la morale de Kant. On peut déployer le même héroïsme pour défendre sa famille, sa maison, son foyer contre des cambrioleurs, que pour défendre la patrie contre l'ennemi extérieur. De même, on peut aimer la petite patrie, ou le foyer, ou la famille, avec autant d'enthousiasme, autant d'ardeur ou des mouvements du cœur aussi puissants, que l'on peut aimer la patrie. Est-ce qu'en fait, dans l'éducation des enfants, le problème ne consiste pas, presque toujours, à établir une distinction entre ces différents biens, ces différents objets auxquels on leur demande de s'attacher ? Mais si on leur dit qu'il faut s'attacher à tout, non pas en vertu de l'objet, mais en vertu simplement de l'intention suivant laquelle on agit, ils vous diront que l'humanitaire, que l'internationaliste peut produire un acte de la même valeur morale, en refusant par exemple le service militaire, comme le font les Doukobords en Russie, dont Tolstoï a parlé dans ses livres ; qu'il peut déployer le même héroïsme au service de l'idée d'humanité, et contre sa patrie, que déploie un soldat loyal en marchant au feu sur l'ordre du tsar pour la sainte Russie.

Du point de vue intérieur de la conscience

toute seule, on n'a pas différencié, on n'a pas hiérarchisé non plus ces deux biens que l'homme doit conserver, auxquels il doit s'attacher la patrie et l'humanité, pas plus qu'on n'a différencié et hiérarchisé la patrie et la famille. De sorte que, soit au-dessus, soit au-dessous, on expose le sujet moral à se tromper. Il y a des Bretons auxquels on reprochait quelquefois, après la Révolution, d'avoir chouanné, d'avoir marché avec leur châtelain pour la défense du petit pays et du clocher, à l'ombre duquel ils avaient vécu ; de n'avoir pas compris la notion de la France que les armées de la Révolution allaient défendre aux frontières. Du point de vue de la morale kantienne, ne pensez-vous pas que le patriotisme du chouan vaut exactement le patriotisme d'un bleu ? Et comment du point de vue de la conscience livrée à elle-même, pouvez-vous condamner l'erreur morale de ceux qui, en toute conscience, auront trahi un bien supérieur, la grande patrie, par amour d'un bien inférieur, la petite patrie ?

Il est donc bien certain, — et ici l'exemple est assez convaincant, je crois, car c'est la morale de Kant, cet homme de gauche, qui servirait à justifier l'erreur de ces hommes de droite qu'étaient les chouans, si nous voulions l'appliquer ; — il est donc certain que tout se confond et se mêle dans la morale, dès que l'on se place uniquement au point de vue du devoir, sans considérer les biens sociaux, extérieurs, temporels, sensibles, dont l'accomplissement du devoir doit nous rapprocher. La morale n'est rien, si elle n'est pas un ensemble de règles de nos relations avec les autres hommes et avec la nature. Or, la morale de Kant a supprimé d'abord la nature, puisqu'elle nous renferme en nous-mêmes par la négation de l'objet ; puisqu'elle nous dit que nous n'avons aucun moyen de connaître le monde extérieur, aucun moyen de savoir sa solidité et sa réalité métaphysique. En volatilisant, en quelque sorte, le monde extérieur, Kant a préparé des impossibilités à sa morale. Ce sont ces impossibilités de la morale kantienne que je crains que l'on ne retrouve dans la morale de l'école primaire.

Les y retrouve-t-on ? La morale, telle que l'ont conçue par exemple les directeurs de l'enseignement comme Buisson, la morale civique nie-t-elle la distinction entre les différents devoirs, nie-t-elle la hiérarchie des obligations ? Pas du tout. Mais il s'agit de savoir si, sans la nier, et se bornant à l'affirmer, elle fonde cette hiérarchie des devoirs. Il faut démontrer la morale, il ne faut pas uniquement la prêcher ; et c'est ici que nous touchons, je crois, à l'erreur la plus antifrançaise de la pédagogie kantienne dont s'est inspirée l'école laïque depuis quarante ans. On a cru que la morale dans l'école devait être prêchée plutôt qu'enseignée. C'est une tendance qui s'explique, chez des esprits qui sont travaillés du besoin religieux ; mais il est à remarquer que les esprits chez lesquels ce besoin religieux a été satisfait par une théologie, une dogmatique visiblement positive et complète, sont infiniment moins portés à ce prêche que nous reprochons, non pas aux instituteurs laïques, mais que nous reprochons à leurs conseillers, les directeurs de l'enseignement.

Je crois bien que la pédagogie serait plus positive, plus intellectuelle, plus nuancée, si elle faisait une bonne fois la distinction entre ce qu'il y a de religieux, ce qu'il y a d'intime dans la morale et ce qu'il y a de social. Et alors, cette distinction revient à une autre, infiniment simple, sur laquelle il me semble qu'on a trop fait le silence. Il ne s'agit pas du tout, pour enseigner la morale, de présenter les sources, la genèse psychologique intérieure du sublime, de l'héroïque dans l'homme. Cela ne s'enseigne pas par des discours ; cela se met sous les yeux par des exemples ; cela s'enseigne par l'histoire et non par des dissertations morales et philosophiques. La morale doit dire ce qui est bien, ce qui est mieux, ce qui est parfait, ce qui est sublime ; elle doit faire, en quelque sorte, la carte de toutes les régions dans lesquelles doit se mouvoir l'activité humaine, pour rester humaine, ces régions qui vont jusqu'aux limites de la barbarie et qui sont enfermées toujours dans les frontières d'une civilisation donnée. La morale doit dire ce qui est bien, ce qui est utile, ce qui est nécessaire pour telle et telle société, la famille française, la société française ; ou la famille anglaise, la société anglaise ; ou même la famille allemande, la société allemande. Elle doit rattacher l'individu au milieu dans lequel et en fonction duquel il vit. Mais la manière dont il réalisera ses rapports avec ce milieu, cela ne s'enseigne pas. C'est le cœur, c'est la générosité, c'est l'énergie, c'est la vie proprement spirituelle de l'âme, laquelle n'est pas nourrie par les mots avec lesquels on exprime les actes moraux, laquelle est nourrie beaucoup plutôt par l'exemple, l'exemple qui n'est pas parlé, mais qui est vécu, de ces actes tels qu'ils sont accomplis autour de nous. La pédagogie, c'est un entraînement moral, ce n'est pas un prêche. Mais ce que l'on enseigne dans les écoles, comme pédagogie, doit reposer sur un enseignement positif, sur des idées concrètes plutôt que sur des exaltations de sentiments ; et alors, si nous appliquons cela aux questions les plus délicates qui se posent dans l'école laïque républicaine vivant au milieu d'une société divisée religieusement, comme l'est notre société française, dans un village, nous nous apercevrons que la véritable façon de faire l'union, de faire la coopération et l'entente entre les différentes consciences, formées diversement au point de vue religieux, auxquelles on a affaire, c'est beaucoup moins d'inviter les élèves à réfléchir sur des idées générales comme le devoir, le droit, la paix, etc., qu'à considérer les exemples concrets de la vertu humaine qu'ils trouvent, non pas seulement dans leur manuel de morale, mais dans leur livre d'histoire. Et ainsi, tout ce qui, dans l'histoire est, dans ce moment, l'objet de discussions, tout ce qui risque d'irriter des passions, entre, par exemple, les partisans de l'autorité et ceux de la liberté, les partisans de la monarchie et ceux de la démocratie, les partisans de toutes les idées générales qui se battent entre elles et qui ne peuvent pas s'accorder, justement parce qu'elles sont trop générales et trop abstraites, toutes ces discussions-là disparaissent dès que l'on vient à l'histoire positive.

Prenez, si vous voulez, la grande question, qui est à l'ordre du jour depuis la guerre, la question du pacifisme ou de la lutte entre nations. Pouvons-nous faire une conciliation quelconque, si l'on reste dans l'abstraction morale de l'idée de l'humanité, débarrassée des guerres, et transmettant tous ses litiges, devant un tribunal comme celui de La Haye ? Cette idée de l'humanité à la Jaurès, peut-on la concilier avec l'idée de patrie, telle qu'elle existe dans l'Europe contemporaine, l'idée de patrie par laquelle la force est obligée de se mettre au service du droit ?

Je dis que c'est impossible, si l'on s'en tient à ces deux idées ; et je trouve que rien n'est plus facile, si l'on s'en tient, pour enseigner la morale, non pas à ces deux idées métaphysiques de l'internationalisme et du militarisme, mais à l'étude de la biographie et de l'histoire des héros des deux sortes d'idéaux. Vous trouverez facilement des exemples qui feront acclamer, en quelque sorte, par le parti des humanitaires, la conception nationaliste, lorsque cette conception nationaliste sera incarnée dans un sacrifice héroïque ; et, inversement, vous trouverez des exemples de pacifistes, d'utopistes même, qui pourront, s'ils ont accompli un acte véritablement moral, être loués par le plus résolu des nationalistes.

En d'autres termes, ces deux idées du droit et de la force, qui sont celles entre lesquelles se partagent les moralistes protestants et catholiques, l'idée tolstoïenne que le droit se suffit et l'idée prussienne que la force se suffit, ces deux généralités morales sont également fausses, également absurdes et d'ailleurs également inconciliables. Mais, est-ce que l'histoire de l'humanité tout entière n'est pas l'histoire des réalisations de la plus haute valeur humaine sous la loi des nécessités sociales et vivantes ? La vie sociale, la vie vraie, se moque absolument de cette morale purement abstraite à laquelle on voudrait essayer de la réduire. Pascal a dit que la vraie éloquence se moque de l'éloquence ; on pourrait dire que la vraie morale se moque de la morale en ce sens qu'il y a, comme nous l'avons dit, de l'imprévu, du génie, de l'invention dans tout acte qui dépasse un certain niveau. C'est là une vérité qui nous permet de nous rapprocher dans les discussions, dans les conversations ; qui nous permet de trouver un terrain commun avec les partisans de la morale kantienne. Il y a quelque chose de vrai dans la morale kantienne ; c'est, pourrait-on dire, ce qu'il y a de pascalien dans cette morale. La vraie morale se moque de la morale. Mais, prenez garde ! On ne peut s'en tenir à cette démonstration des exemples d'héroïsme humain, que l'on trouve dans tous les camps. On ne peut s'en tenir à cela que lorsqu'on a commencé par enseigner une organisation de la société et par enseigner, en somme, une morale historique. Les exemples, les traits, c'est, on peut le dire, ce qui vivifie la pédagogie. Mais l'enseignement du précepte doit se discerner de la présentation de l'exemple. La pédagogie n'est pas oubliée dans nos écoles primaires laïques actuelles. On y cite beaucoup d'exemples d'héroïsme. Mais le précepte, auquel on se rattache, n'est pas justifié d'une façon sociale et historique. Je veux dire qu'on n'enseigne pas la morale dans nos écoles : on enseigne une sorte d'hagiographie, de vie de saints laïques. Suffit-il de cette hagiographie, que nous serions tous d'accord à enseigner de même, et qui fait notre terrain commun entre protestants et catholiques, entre kantiens et traditionalistes, entre subjectivistes et objectivistes ? Suffit-il de cette vie de héros, ou de ce qu'on peut appeler cette morale à la Plutarque, pour remplir tous les programmes scolaires ? Voilà pourquoi je demande à nos contradicteurs d'aller plus loin que ce terrain de conciliation que l'on pourrait appeler une commune admiration pour la valeur humaine, une admiration pour les inspirations de la conscience humaine ; je leur demande d'aller plus loin, et alors de consentir à examiner les conditions de l'enseignement moral.

Or, cet enseignement moral devra, de toute nécessité, s'il veut être à la hauteur de la pédagogie plutarquienne, s'écarter du point de vue kantien. La démonstration des devoirs ne peut être faite que par la considération des effets des actes. La démonstration des devoirs et de leur hiérarchie, de leur valeur relative, n'est pas possible sous la loi du subjectif et de l'impératif catégorique. On n'enseignera la morale, — si on veut la développer et la démontrer comme une science et non plus seulement, encore une fois, comme une simple prédication ; — on ne l'enseignera qu'en lui restituant sa place historique. La morale d'un peuple, c'est l'ensemble des lois qui président à son développement. Et, à ce point de vue, il ne faut pas hésiter à dire que la morale doit être séparée de la métaphysique pour se rattacher à l'histoire. En séparant la morale de la métaphysique pour la rattacher à l'histoire, on peut et on doit se poser une question, question qui fera, au fond, l'objet de l'examen final auquel nous devons aboutir dans ce cours. Si la morale enseignable, la morale positive est rigoureusement historique ; si, par exemple, elle enseigne que les devoirs des citoyens, dans une société comme la société française, sont de conserver cette société, de la développer suivant ses nécessités historiques, géographiques, économiques ; si le bien est ainsi rattaché à l'histoire, ne va-t-il pas perdre son caractère sacré, absolu et obligatoire ? En d'autres termes, si ce que nous devons enseigner aux Français dans nos écoles, c'est une morale où l'intérêt de la nation française soit considéré comme la loi suprême

qui doit présider à tous les actes des Français ;
si nous faisons de la France une sorte d'idéal religieux pour tous les Français ; si le patriotisme français est placé pour nous au-dessus de l'idée d'humanité et considéré comme pouvant, dans certains cas, prévaloir sur cette idée du progrès humain, par exemple si le sacrifice de certaines nationalités secondaires doit être considéré comme moral pour la France ; si nous approuvons Richelieu et Louis XIV d'avoir cherché à diviser l'Allemagne, et si nous approuvons nos chefs militaires et demain nos chefs diplomates de chercher à la diviser de nouveau ; et si pour nous la moralité, entendez-le bien, la règle et la loi que réalisent dans ce moment nos soldats, n'est pas quelque chose d'universel et d'éternel, mais quelque chose de temporel et de français, qui a commencé, qui doit finir, une question se pose : est-ce encore de la morale ? Est-il vrai que le bien ne soit pas le même dans tous les temps et pour tous les pays ? Voilà la question métaphysique, voilà la question philosophique, à proprement parler, qui est au fond de toutes les discussions religieuses que nous avons avec les laïcisateurs de l'école. Il s'agit entre eux et nous — je les prie d'élever la ques-

tion jusque-là — de savoir si le bien pour l'humanité est quelque chose qui ait pu changer, est quelque chose qui ait commencé, est quelque chose qui soit dans le temps ; ou bien, si c'est quelque chose d'éternel, d'immuable, qui ait été le même dans l'antiquité qu'aujourd'hui. Il s'agit de savoir si, d'une façon plus métaphysique encore, l'histoire, c'est-à-dire l'aventure de l'humanité sur la planète Terre — aventure qui a commencé, car l'humanité n'est apparue que quand la terre a été suffisamment humide et chaude, et elle mourra quand la terre sera refroidie, — il s'agit de savoir si l'histoire humaine est quelque chose qui vaille absolument et qui puisse être rattaché, être soumis aux catégories de la morale. Est-il bon que des nations meurent, et que notre nation, ou que d'autres nations vivent ? Y a-t-il dans l'histoire humaine un progrès ? Y a-t-il une régression ? En d'autres termes, l'histoire est-elle quelque chose comme un drame dont la péripétie dernière n'est pas encore arrivée ? Y a-t-il moyen de rattacher à quelque chose d'absolu ce quelque chose de relatif qu'est l'histoire des hommes ? Si oui, on a le droit de considérer que la morale peut être historique, et cesser d'être métaphysique ;

si oui, on a le droit de dire que certaines nations sont plus civilisées, c'est-à-dire plus rapprochées de l'absolu, d'un bien absolu et de la perfection humaine que les autres ; si non, on n'a pas le droit de le dire.

Si l'histoire est réellement le domaine de ce qui n'arrive qu'une fois ; si l'histoire ne se recommence pas perpétuellement la même, nous pouvons admettre qu'il y a une morale nationale française et chrétienne. Si au contraire on n'admet pas cela, je ne vois pas la possibilité de concilier le point de vue historique et le point de vue métaphysique, c'est-à-dire le point de vue du temps et le point de vue de l'éternel. Or, Kant et les protestants se placent à un point de vue qu'ils croient être celui de l'éternel. Ils posent comme absolu quelque chose qui n'est pas dans le temps, mais ils ne nous montrent pas de lien par où cet absolu qui n'est pas dans le temps se rattacherait au temporel, au relatif. Le bien des peuples que nous considérons comme supérieurs, comme plus avancés sur la route du progrès, qu'Auguste Comte appelait supérieurs parce qu'ils représentaient le triomphe de l'Occident sur l'Orient, cette moralité de l'Occident, n'est pas supérieure à la moralité de l'Orient, si l'histoire n'est pas quelque chose qui soit en quelque sorte justifiable métaphysiquement.

Je vais vous dire que, tout au fond, la question du conflit entre l'humanitarisme et le nationalisme en morale, entre la morale qui s'appuierait sur la raison intemporelle et une autre morale qui s'appuierait sur cette raison profondément temporelle et concrète que nous appelons notre sagesse française, la conciliation ne serait pas humainement possible. Elle n'est possible que si l'on admet le point de vue strictement catholique. Du point de vue catholique, il est possible de justifier tous les nationalismes, toutes les doctrines de la lutte dans l'humanité, toutes les guerres, puisqu'elles servent le progrès dont nous connaissons le point de départ et dont nous connaissons le point d'arrivée. L'idée du progrès que nous trouvons dans les manuels laïques, d'après lesquels nos ancêtres étaient bien moins civilisés que nous, bien plus grossiers, cette idée-là est une idée chrétienne. L'idée que les mœurs se sont adoucies avec le temps, et qu'elles ont bien fait de s'adoucir, voilà ce qu'il y a dans les manuels laïques. Or, elles ont mal fait de s'adoucir si le christianisme est faux ; elles ont mal fait de s'adoucir et la substitution dans les morales de la conception de relations humaines fondées sur un peu moins de force, un peu moins d'intérêt, un peu moins d'égoïsme, est absurde, elle est antiphysique, elle brouillerait tout, elle ramènerait l'humanité à la barbarie, si le christianisme est faux, si les temps ne sont pas partagés entre deux versants : avant et après l'Evangile. L'humanitarisme est une espèce de reflet du christianisme, qui a toutes les tendances du christianisme, parce qu'il tend à faire sacrifier à l'homme ses intérêts temporels, mais sans lui dire quel est l'intérêt auquel il les sacrifierait. Si ses bonheurs personnels ou nationaux, ses biens concrets et sensibles auxquels ses sentiments et son instinct l'attachent, l'homme les sacrifie à quelque chose d'absolument impersonnel, inconscient, éternel et indifférent à l'humanité ; s'il les sacrifie à un ordre de l'univers qui n'ait rien à voir avec l'ordre humain, il fait un marché de dupe. Il n'est pas intéressant pour les hommes de voir régner l'ordre dans une société donnée, si cette société donnée ne joue pas un rôle dans un progrès de l'humanité ; et ce progrès de l'humanité lui-même ne peut pas être conçu, si l'histoire de l'humanité est celle de ce qui se répète toujours, si elle ressemble à l'histoire monotone de la planète avec ses saisons, ses nuits et ses jours.

Il y a dans le respect de l'individu, que Kant veut nous rappeler; dans l'appel au respect pour la personne humaine, pour la valeur de l'être conscient, quelque chose de parfaitement vrai. Mais la valeur de l'être conscient est vérité, si l'homme vaut plus que les pierres. Si l'on n'a pas le droit de prendre l'homme « comme un moyen », pour le subordonner à une fin qui ne serait pas lui-même ; si l'on n'a pas le droit de bâtir des murs avec des corps humains, comme le font les Allemands dans les fleuves de Belgique avec des cadavres; si l'on n'a pas le droit de se servir de l'homme comme d'un moyen pour une autre fin qu'une fin humaine, qu'une fin intelligible et sensible à sa conscience; s'il en est ainsi, c'est qu'il y a dans l'homme quelque chose de différent de l'univers. Il y a, dans la conception du devoir, telle que la donne la morale kantienne, dans ce caractère d'absolu qu'elle confère au devoir, le sentiment de quelque chose qui est plus qu'humain et qui est plus que physique; plus qu'humain, parce qu'il ne suffit pas de l'instinct de l'homme pour l'atteindre, mais plus que physique, plus que matériel, plus que planétaire, puisque cependant nous ne nous sentons pas le droit de le sacrifier à l'ordre matériel. L'esprit est réel ; mais s'il est réel, il a besoin qu'on le guide dans ses rapports avec la nature, qui semble aujourd'hui l'ignorer profondément.

Il y a nécessairement, au fond de toute morale, quelque chose de religieux. Mais ce quelque chose de religieux, s'il n'est point l'objet d'une révélation, risque de tout brouiller, de tout confondre. C'est trop fort, comme je vous le disais au début, pour l'homme ; cela l'écrase, cela le diminue, si cela ne l'élève pas au-dessus de lui-même. La morale de Kant, de l'école primaire, c'est une demi-religion, une religion considérée comme révélée à chacun par lui-même; Kant a raison d'en faire une religion; il a tort de dire que cette religion est révélée à chaque conscience par elle-même. La nécessité d'une direction, d'une autorité, qui nous dise par quelle jonction délicate et subtile la vie humaine peut se développer dans le monde temporel, c'est ce qu'il faut arriver à reconnaître, ce qu'il faut voir, si l'on ne veut pas que la question religieuse, qui est au fond de l'école laïque, soit insoluble. L'école laïque n'enseignera la morale qu'à deux conditions : ou bien elle la dépouillera de tout motif supérieur ou métaphysique et elle la réduira à un catalogue d'actions édifiantes, à une sorte de « Vies de Plutarque »; ou bien elle la motivera métaphysiquement et philosophiquement et alors elle sera une philosophie de l'histoire, laquelle ne peut être que l'explication de l'histoire humaine, telle que l'a conçue Bossuet, c'est-à-dire partagée en deux versants par la Révélation et par la naissance de l'Église. Que l'école laïque refuse de se rattacher à l'Église, elle en a le droit; mais alors qu'elle ne fasse que de la pédagogie. Si elle veut faire de la philosophie, de la démonstration morale, qu'elle aille chercher, dans la philosophie catholique et dans l'histoire de l'Église, les principes de cette philosophie et de cette démonstration. Si elle ne le fait pas, je dis qu'elle continuera à soulever des problèmes qu'elle ne peut pas résoudre; et mieux vaut ne pas enseigner la morale à l'enfant, mieux vaut se contenter du terre à terre, que de soulever dans l'école le problème religieux, si on ne peut pas le résoudre. Jamais aucune philosophie n'a résolu le problème religieux du point de vue de l'immanence et du subjectif. Jamais elle ne l'a résolu qu'au point de vue transcendant et au point de vue métaphysique, lequel se rattache toujours à un point de vue théologique. Il faut que l'école cesse de faire du Kant, et qu'elle fasse du saint Thomas, si elle veut faire de l'Aristote, en morale.

Or, je suis absolument d'avis qu'il faut qu'elle fasse de l'Aristote, c'est-à-dire qu'elle enseigne une morale historique, positive, réaliste, une morale qui ne sera pas du tout amollissante, qui ne sera pas un vague Rousseauisme. Il faut qu'elle enseigne une morale rude comme celle qu'enseignaient nos pères; mais elle ne peut l'enseigner, dans les temps modernes, qu'en mettant cette morale de la guerre, de la lutte dans l'intérêt de la défense nationale, en rapport avec une Autorité spirituelle qui justifie et qui sanctifie l'idée d'une défense nationale. Il y a une morale française, qui vaut mieux que la morale de l'humanité, pour notre France qui est, encore une fois, la Fille aînée de l'Église!

CINQUIÈME LEÇON

L'ECOLE LAIQUE DES FILLES
PÉCAUT, STEEG

CINQUIÈME LEÇON

L'ÉCOLE LAIQUE DES FILLES.
PÉCAUT, STEEG

Je voudrais, si c'est possible, vous donner aujourd'hui une idée, sinon de l'application qui a été faite de la morale de Kant à l'éducation des filles en France dans l'école laïque, du moins une idée, que je tâcherai de faire la plus modérée, la plus exacte possible, de l'objet qui a été poursuivi dans cette application.

Je crois qu'il ne serait pas juste de demander aujourd'hui à l'école laïque des filles un compte absolument rigoureux du succès ou du non-succès de l'expérience, s'il ne s'agissait réellement que de la réussite de la tentative faite. En admettant, ce que je crois pour ma part exact, que les effets de la morale kantienne, dans l'école laïque des filles, n'aient pas marqué un progrès dans l'éducation des filles en France, nous ne sommes pas autorisés à négliger l'intention dans laquelle les directeurs de l'enseignement ont voulu faire cette expérience ; car cette intention, si elle a été droite, se trouve un peu excusée de l'insuccès auquel elle a abouti, surtout si nous considérons que cette intention de créer une pédagogie féminine laïque était presque exigée des directeurs de l'enseignement par les conditions administratives et politiques dans lesquelles ils devaient agir. Je vous ai dit, à propos de l'école laïque des garçons, que les conditions administratives et politiques, qui en avaient commandé l'essai, découlaient nécessairement de la constitution républicaine elle-même, de la constitution démocratique appliquée dans un pays comme la France, laquelle est divisée au point de vue religieux. Je vous disais que l'école laïque des garçons devait essayer d'être neutre, parce qu'elle était une école d'État et une école d'État, par définition, s'appliquant à tout le monde ; dans un pays divisé, cette difficulté constitutionnelle, politique, à laquelle se heurtent les pédagogues, les directeurs de la pédagogie officielle sous la troisième République, est la même pour l'école laïque des filles que pour l'école des garçons. Elle est la même, ou plutôt elle est beaucoup plus grande. Je dirai qu'elle est portée presque à l'infini.

Essayons de comparer en effet les deux objets auxquels on a affaire : d'une part, ce jeune public masculin qui se presse sur les bancs de l'école et qui appartient, par famille, par éducation, à des origines philosophiques et religieuses absolument diverses, et d'autre part ce jeune public féminin qui appartient également à des origines religieuses confessionnelles, différentes les unes des autres, mais qui se trouve, de par la nature même, beaucoup plus délicat, beaucoup plus susceptible d'être, soit faussé, soit au contraire amélioré par une pédagogie quelconque. S'il est délicat d'enseigner à des âmes humaines une morale toute abstraite, comme celle de Kant, lorsque ces âmes humaines sont des âmes de garçons, je dis qu'enseigner la morale abstraite du Devoir pour le Devoir à de jeunes esprits, à de jeunes cœurs féminins français, c'est encore plus difficile, plus délicat, et je crois bien, à vrai dire, que c'est impossible. Nous pouvons poser en principe, au début, comme excuse aux échecs que nous constatons, que l'entreprise était à peu près impossible, et c'est sur ces impossibilités qu'il faut d'abord apporter notre attention.

Considérons-les, en nous rappelant ce qu'est la morale de Kant, et ce qu'est en somme la vie de la femme; ce qu'est non seulement sa vie sociale, mais même sa vie individuelle, sa vie de sensibilité spontanée. Nous serons effrayés de l'abîme qu'il y a entre sa nature que nous ne pouvons pas changer, qui fait partie de l'universelle condition des choses, et la conception absolument rude, théorique, qui est au fond de la philosophie kantienne. Si l'horreur de l'objectif, si l'ignorance des conditions de la vie concrète est, on peut dire, l'inspiration centrale de l'idéalisme kantien; si cette absence de réalisme, cette horreur de réalisme est au fond de l'idéalisme kantien, je vous prierai de vous demander s'il n'y a pas entre cette morale et la nature féminine un abîme beaucoup plus grand qu'entre la morale de Kant et la nature masculine.

En effet, il n'y a pas de nature spirituelle, intellectuelle et morale, plus réaliste, plus amie de l'objet précis, déterminé, et plus amie par conséquent des préceptes très clairs qui nous dictent nos rapports avec ces objets, que la nature féminine. Ne pas pouvoir faire un code ni un catéchisme des prescriptions particulières s'appliquant aux diverses circonstances de la vie dans une société déterminée; ne pas pouvoir rédiger de code, je ne dirai pas seulement des obligations, mais même des simples convenances dans une société déterminée, c'est se condamner, lorsqu'on se trouve en présence d'un public féminin, à ne rien lui dire de ce qu'il attend en fait de direction morale.

Pourquoi employé-je de préférence ce mot de convenances, pour compléter l'idée d'obligations, lorsque je parle des rapports de l'être humain avec son milieu, quand il s'agit de la femme particulièrement? C'est qu'il y a, nous l'avons dit, une part de tact, de divination toute sensible, dont le secret est très souvent dans le cœur, et il y a aussi une part de tact dans toute espèce de vertu, dans toute espèce d'action ou de jugement moral chez l'homme. Mais si cette espèce de morale du cœur existe chez les hommes, combien n'existe-elle pas davantage, en puissance, à l'état en quelque sorte d'aspiration, chez les femmes? On peut dire que là où les hommes se trouvent embarrassés, pour résoudre un cas de conscience déterminé, par l'application d'une loi générale, d'un principe abstrait, il arrive très souvent que la sensibilité et l'intuition féminines trouvent rapidement la solution que tous les raisonnements de l'homme seraient impuissants à déterminer et même à justifier, à démontrer. S'il y a une part non géométrique, peut-on dire; s'il y a une part vivante dans la philosophie de l'action, c'est surtout dans la philosophie de l'action, telle qu'elle peut être enseignée à des femmes et telle qu'elle peut être comprise par elles. C'est chez elles que l'on trouve, au plus haut degré, cette faculté de suppléer à la raison abstraite, faculté à laquelle je faisais allusion l'autre jour, quand, démarquant le mot de Pascal sur l'éloquence, je vous disais que la morale se moque de la morale comme « l'éloquence se moque de l'éloquence ».

Telle étant la nature des lois, tout autant de convenance que d'obligation stricte, qui dominent la morale telle que l'entendent et telle que la pratiquent les femmes, telle étant la nature de ces préceptes et de ces conseils dont le code a besoin, selon les femmes, d'être réglé avec précision et en présence de la société dans laquelle elles vivent, vous apercevez de suite quelle va être la difficulté d'application du précepte kantien. Au fond, dans la morale de Kant, tout se ramène, nous le redisons, à la conception que la conscience est, dans son autonomie, dans son autorité intime et qui n'a rien à recevoir du dehors, le juge, l'arbitre de toute espèce de décision et de jugement moral. Se mettre en face de sa conscience, agir d'après le mobile ou le motif qui, dans notre conscience, nous paraît le plus élevé, le moins dépendant des circonstances extérieures, le plus autonome, comme dit Kant, tel est le précepte. Kant veut que l'on soit aussi peu esclave que possible de ce que nous appelons le milieu, les contingences du dehors ; il veut que l'on agisse d'après soi, et que chacun soit en quelque sorte créateur de sa propre moralité.

Les devoirs et les actions ne se hiérarchisent pas, dans la morale de Kant, d'après les contrecoups, les effets sociaux, extérieurs, physiques de ces actions mêmes dans le milieu où nous vivons ; ils ne se hiérarchisent que d'après l'intensité et l'ardeur, en quelque sorte plus ou moins grande, de la flamme intérieure sous l'action de laquelle ils sont accomplis. La morale de Kant, morale du

Devoir, ne devient vivante qu'à condition de devenir ardente, de devenir mystique. La morale du devoir, qui est toujours la même, ne devient réelle et efficace que dans les circonstances où le devoir apparaît comme exigeant une dépense d'énergie intime extraordinaire. Il n'y a pas de petits devoirs, pas de devoirs moyens, dans la morale de Kant. Il n'y a donc pas à dresser le tableau nuancé de la morale, telle qu'elle est édictée par la société dans laquelle nous vivons. Tous les devoirs sont égaux, tous les devoirs sont absolus, commandent sans condition et sans donner leurs motifs. Tel est le principe kantien.

Appliquez ce principe à l'idée de la morale, telle qu'elle résulte, pour la femme française contemporaine, de l'histoire, et l'on pourrait même dire des conditions économiques de la société dans laquelle elle est élevée, vous verrez quel abîme ! Je crois, sans vouloir outrer les choses, que l'on peut dire que l'application du principe de cette espèce de religion de la conscience intime, souveraine et autonome à la pédagogie féminine, est condamnée à n'aboutir qu'à deux excès qui se caractérisent ainsi : ou bien on fera ce que j'appelle des tolstoïennes, c'est-à-dire des anarchistes de l'idéalisme, profondément dévouées, et dévouées jusqu'à la fureur, à une idée qui leur aura été présentée comme la plus élevée de toutes ; ou bien on fera des sceptiques, c'est-à-dire des consciences qui, désespérant d'appliquer à la vie réelle ces conceptions rigides, jansénistes, d'un mysticisme en quelque sorte frénétique, que Kant leur propose, retomberont dans cette espèce de dilettantisme qui naît, chez les êtres sans éducation première, du seul exemple qui est présenté par la vie autour d'eux. Pour les femmes surtout, la multiplicité, la diversité des opinions en matière de morale comme en matière de politique ou de sociologie, est beaucoup moins un scandale que pour nous. L'idée de construire sur un plan déterminé la société ; l'idée de faire violence aux coutumes pour les plier à une conception théorique ; l'idée de détruire ce qui est considéré comme bon, ce qui est acquis par le passé ; l'idée de tuer cela pour y substituer quelque chose qui n'est pas encore un système, pour y substituer un rêve, cette idée est beaucoup plus étrangère habituellement à la nature psychologique de la femme qu'à celle de l'homme. La femme a plus de sens commun, plus de réalisme spontané que n'en a l'homme. Elle est moins théoricienne et infiniment plus pratique. Si on la laisse donc à sa nature, elle échappera assez vite au formalisme insensé de la morale de Kant. Parce qu'elle est fine, parce qu'elle a du tact, elle apercevra la fausseté de cette morale rectiligne, sous l'angle du ridicule. Elle n'aura pas besoin de la considérer même comme odieuse. Lorsque les fruits d'hypocrisie ou de cynisme, que nous avons indiqués comme naissant immanquablement de la morale kantienne, apparaîtront dans la vie ambiante, la femme les jugera et les condamnera, non pas même par un jugement, mais par un sourire. Elle ne sera pas facilement dupe, par exemple, de l'une de ces maximes que nous voyions l'autre jour à propos de l'école des garçons, maxime tolstoïenne et kantienne, qui est celle de l'antimilitarisme et du pacifisme. L'idée, l'utopie de la suppression des luttes et des guerres sur la planète, et particulièrement en Europe et en France ; l'idée de la fraternité qu'on pourrait réaliser, d'un seul coup, par un décret ; l'idée qu'il ne faut pas s'armer contre le voisin ou, comme le dit un conte célèbre de Tolstoï, un apologue lu dans toutes les écoles primaires de France, l'idée que la maxime de la vie, c'est : ne résiste pas aux méchants, ne prends pas les armes ; cette idée qui a fait des antimilitaristes, des pacifistes et des Hervé, cette idée-là se développe très peu, très difficilement dans l'école laïque des filles. L'idée de la force et de son rôle nécessaire dans la vie sociale et humaine, cette idée profondément réaliste, est une de celles que la femme oublie le moins. La femme est moins loin que nous du secret de la nature. Elle réfléchit peut-être autant que nous, mais elle réfléchit d'une façon moins systématique, moins entêtée. Elle capitule très vite devant les démentis que l'expérience donne à la théorie et, disons-le sans l'injurier, elle est pour la politique des résultats, dans la vie morale comme dans la vie sociale et politique, dans la vie de la famille comme dans la vie de la nation. Elle est adoratrice, et elle a raison, du succès. C'est vous dire que la morale de l'intention pure, de l'intention qui échoue, de l'intention qui ne se justifie que par sa droiture et l'objet sublime qu'elle visait, cette morale antiphysique est facilement éliminée par le bon sens féminin. Donc, le danger de voir sortir des anarchistes et des suffragettes de l'école laïque en France n'est pas extrêmement grand. En Angleterre cela se peut.

En France, le puritanisme ne se greffe pas facilement sur le terrain des jeunes consciences féminines.

Mais alors, de ce que la morale ignorante du bonheur, ignorante de la société, ignorante des convenances ; de ce que cette morale fanatique échouera à se faire prendre au sérieux dans l'école laïque féminine, dans la plupart des cas, il ne s'ensuit pas qu'elle ne pourra pas faire du mal. D'abord, il y a des exceptions. Il y a des natures extrêmement cultivées, natures de jeunes filles, chez lesquelles la réflexion systématique, le goût du système, pourra avoir été développé, non pas peut-être à l'école primaire, mais au lycée de jeunes filles et surtout à l'école normale supérieure de filles. Il y a, nous en avons tous rencontrés depuis vingt ans, des philosophes féminins extrêmement distingués, sortis de la culture morale d'inspiration kantienne, qui a été essayée dans les écoles normales de Fontenay et de Sèvres, sous la direction de deux hommes dont les ouvrages sont surtout des espèces d'ouvrages de direction spirituelle : M. Félix Pécaut, le premier fondateur de l'enseignement supérieur des jeunes filles, et M. Steeg, le père de l'ancien ministre que vous connaissez. Les enseignements et, je ne crains pas de le dire, les prédications de cette morale, prédications d'une inspiration élevée, et souvent d'une psychologie très nuancée et très fine, ces prédications, s'ajoutant à la lecture des grands philosophes de l'humanité, de Descartes, de Spinoza, à la lecture de Kant lui-même, à la lecture aussi des grands réformateurs religieux et notamment de Luther, — car on faisait lire Luther comme lecture spirituelle à l'école normale de Fontenay et de Sèvres il y a douze ans, — je dis que cette culture combinée, qui consiste dans des directions spirituelles fines, délicates, un peu féneloniennes, données dans des sortes d'allocutions et d'homélies, par des hommes d'une dignité morale incontestable comme MM. Pécaut et Steeg, cette éducation combinée d'une direction spirituelle à tendances kantiennes et protestantes et d'une instruction philosophique faite pour les garçons, pouvait faire des philosophes féminins, et elle en a fait. Ces philosophes féminins se sont trouvés alors placés en face de notre société française, si profondément divisée, dans une situation extrêmement difficile et quelquefois douloureuse.

Vous savez tous en effet que les divisions religieuses sont plus douloureuses à la conscience féminine qu'à la conscience de l'homme. Il n'y a rien de plus déchiré que la conscience d'une femme, qui croit ne pas pouvoir conserver la pratique de la religion catholique, dans laquelle elle a été élevée, parce que des idées philosophiques, qui sont chez elle profondément sincères, et de la vérité desquelles elle n'a pas encore pu douter, lui paraissent en contradiction avec ses pratiques religieuses. Dans notre société divisée, ce n'est pas nous, hommes, qui avons dû souffrir le plus, ce sont les femmes; car, remarquez-le, l'éducation des enfants est la préoccupation constante des femmes ; c'est leur vocation, c'est leur bonheur, et on peut dire que c'est leur génie. La femme, qui se sent capable de former des consciences d'enfants, ne peut pas se désintéresser de cette vocation-là. Vous ne l'en désintéresserez pas par des œuvres de bienfaisance, d'assistance, par les soins donnés aux malades, et en général par tout ce qui pourrait être tenté par vous pour la distraire de ses inquiétudes religieuses. Les femmes ne se laissent pas distraire, car la vie religieuse chez la femme a des racines sentimentales assez profondes, pour que, même quand l'intelligence analytique semble s'opposer à cette vie religieuse, le besoin de son développement demeure intact.

On a parlé, d'une façon que je trouve un peu ridicule dans son exagération, des tourments de Jouffroy dans la fameuse nuit du doute qu'il a décrite, et où il disait quelle était sa douleur de voir s'écrouler chez lui une foi qui lui paraissait ne plus pouvoir s'accorder avec sa raison philosophique.

Ce qu'on a dit de ces tortures ; ce que Renan lui-même a dit dans ses *Souvenirs d'enfance et de jeunesse* de ses inquiétudes ; ce qu'il a dit avec beaucoup de poésie, avec beaucoup de nuances extrêmement précieuses, de son état d'âme avant sa sortie du séminaire, de ses délibérations avec lui-même, tout cela pourrait être répété, d'une façon peut-être beaucoup plus dramatique, à propos de la crise religieuse que l'État républicain français se condamne, en voulant être moraliste et pédagogue pour tout le monde, à déchaîner dans les consciences des jeunes Françaises de notre temps. Qu'il l'ait voulu ou non, en entreprenant de créer l'éducation des filles éducation d'État, éducation par conséquent neutre, par conséquent détachée du catholicisme, et par conséquent en route et en marche vers une autre conception religieuse ; ce que l'État, dis-je, a préparé, ce sont de grandes souffrances, de grandes erreurs et de grands doutes ; ce sont des crises dont les contre-coups ne peuvent pas facilement être mesurés. Mais, immédiatement, nous apercevons ainsi le danger, l'extrême difficulté du problème religieux, que l'État républicain a posé malgré lui dans l'école, du jour où il a fait l'école laïque des filles commune à tout le monde, gratuite et obligatoire ; ce que nous apercevons de ce danger, ne doit pas nous détourner de voir que l'on était obligé de le courir. Il est certain que ce que l'on cherchait, c'était à rétablir une sorte de concordat entre les consciences françaises sur le terrain religieux ; mais ce concordat, on désirait surtout, et avec raison, en préparer l'application dans le milieu social, destiné en quelque sorte aux drames de conscience les plus douloureux et les plus graves, à savoir la famille. On partait de ce principe: qu'il faut faire l'école neutre, qu'il faut décatholiciser par conséquent l'école des garçons ; que, pour créer l'unité morale du pays, l'unité de la démocratie française, il faut absolument décatholiciser les consciences, car c'est cela ; mais, en entreprenant de décatholiciser les consciences de tous les garçons, on devait se dire que l'on allait placer immédiatement, dans chaque foyer qui allait se fonder, un ennemi de ce jeune homme que l'on s'efforçait d'élever — car on croyait que c'était plus élevé — à une conception non catholique de la morale et de la philosophie. Cet ennemi que l'on voyait se préparer pour lui, c'était sa femme. L'entente entre les deux pouvoirs, qu'on appelle l'État et l'Église, est nécessaire dans la vie publique, s'il s'agit de régler des questions où ces deux pouvoirs se rencontrent ; mais combien cette entente n'est-elle pas plus nécessaire dans la vie privée, où les questions qui auront à être réglées pas les deux époux, les questions de l'éducation des enfants et même des lois que suivra la famille, seront posées entre un représentant de cette morale d'État, négatrice du catholicisme, et un représentant féminin de la morale catholique ? L'État républicain neutre, décatholicisé, et en quête d'une pédagogie philosophique, qui restât idéaliste sans être astreinte aux préceptes de l'Église, cet État laïque, pressé d'édifier quelque chose sur ce terrain, devait être extrêmement embarrassé. La première des solutions ou le premier des expédients auquel il devait songer, ne devait-ce pas être d'essayer d'extraire de la morale catholique, ce qu'il considérait comme en faisant l'essentiel, à savoir : un certain esprit de fraternité et de douceur, un certain esprit, qu'on était convenu de définir par l'Évangile, de dégager des dogmes catholiques, pour le transporter, tant bien que mal, dans des livres qui ne feraient pas appel à des révélations ni à des sanctions surnaturelles ; en d'autres termes, si on voulait une morale laïque, qui ne fût pas douloureusement contradictoire avec la mentalité ou la psychologie de la femme française, il fallait tâcher d'orienter cette formation vers un christianisme plus ou moins diffus, plus ou moins affranchi des dogmes, vers un évangélisme à la Tolstoï. On pensait qu'on aurait moins de mal à s'entendre entre le mari libre-penseur, détaché de tout dogme, et la femme devenue une sorte de mystique de la fraternité tolstoïenne et du devoir kantien.

En effet, il n'y a pas contradiction réelle entre cette morale de l'humanité, de la fraternité, des grandes abstractions, que nous appelons kantienne, et la raison entièrement détachée du dogme. Kant, par le culte de la conscience, par le prix infini attaché à la personne humaine, est évidemment dans la ligne du christianisme et il est sorti très évidemment de la ligne du paganisme. Au nom de la morale de Kant, on peut proscrire l'esclavage comme on le proscrit au nom de la morale chrétienne, au nom de cette morale dont il est possible de trouver la justification dans quelques-uns des préceptes les plus beaux de notre civilisation moderne. Tout ce qui, dans notre civilisation, est adoucissement des mœurs, préoccupation de diminuer la rigueur des peines physiques, confiance faite à l'homme ; tout cela se trouve approuvé à la fois par un certain esprit philosophique et par un certain esprit chrétien. Mais on n'a pas vu qu'il y avait une différence considérable entre les préceptes qui font appel, par exemple, au grand sentiment de la charité et de la fraternité, tels qu'ils sont formulés dans les civilisations catholiques traditionnelles, et entre les préceptes, tels qu'ils seraient formulés dans cette civilisation purement libre-penseuse, naturaliste, que l'on rêve d'instaurer dans la France contemporaine.

Je me rappelle qu'au début de ses premières études dans notre *Revue d'Action Française*, Maurras avait publié certains fragments de son étude sur les Monod ; et, dans ces fragments, une certaine page, que quelques-uns d'entre vous connaissent peut-être, sur ce qu'il appelait les idées suisses, c'est-à-dire les idées humanitaires de la Révolution française. Maurras disait, à peu près dans ces termes : que l'idée de Dieu, si elle n'est point distribuée avec discernement et dans des formules rigoureusement réfléchies, appliquées à l'expérience ; que l'idée de Dieu est un explosif qui risque de faire sauter une société. Et l'œuvre de l'Église catholique romaine avait été précisément de faire passer progressivement, dans les cadres de la vie européenne, cette inspiration de l'idéalisme chrétien qui, si elle est prise par n'importe quel individu comme règle unique, risque d'amener cet individu à viser à une transformation de la société qui ne tiendrait pas compte des conditions mêmes de cette société.

Prenez par exemple la loi kantienne, d'après laquelle il ne faut pas prendre l'homme comme un moyen, et au contraire d'après laquelle il faut toujours prendre l'homme comme une fin. Ce précepte c'est la condamnation de l'esclavage, exactement comme elle était proclamée par les premiers Pères de l'Église, l'esclavage consistant à prendre l'homme comme moyen, à s'en servir comme d'un outil, d'un instrument. Ce précepte kantien, qui semble coïncider entièrement avec le progrès chrétien, c'est-à-dire avec la suppression de l'esclavage, si vous le prenez dans sa formule purement sentimentale et intime, si vous vous contentez, en quelque sorte, de lui laisser le caractère d'une tendance à affranchir toujours l'homme des servitudes qui pèsent sur lui, comme toute tendance est, par définition, infinie, vous serez amenés à condamner, comme immorale, toute espèce de subordination de l'individu humain à une œuvre dont lui, individu humain, ne sera pas le but ; et par conséquent vous serez amenés à justifier, par exemple, ce refus du service militaire, du sacrifice d'un être conscient à un grand objet qui n'est pas conscient, et qui s'appelle la patrie, refus qui est le grand évangile de nos anarchistes et de nos internationalistes. Je ne vois pas comment, si l'on s'en tient à l'idée de l'affranchissement de l'individu, on n'arrivera pas à la perspective d'une société purement individualiste, où aucun individu ne serait subordonné à aucune tâche autre que l'édification de sa propre conscience, je ne dis même pas de son propre bonheur ; car, pour édifier son propre bonheur, il faudrait qu'il s'appuie sur des intérêts, qu'il agisse d'après une hétéronomie et qu'il cesse d'être autonome. Une société d'individus ascétiques, détachés de toutes les choses aussi bien qu'ils sont détachés de leurs frères, telle est la limite à laquelle tend le précepte kantien de ne pas prendre l'homme comme un moyen, de le prendre toujours pour une fin, et telle est aussi la limite à laquelle aboutit une prédication d'un christianisme vague, diffus. On risque d'aboutir à un christianisme subjectif, intérieur, qui refuse de se plier aux conditions, dans lesquelles l'Eglise a cru pouvoir faire vivre et développer le même idéal.

L'Église catholique n'a pas renoncé à l'idée de l'allègement progressif des servitudes qui pèsent sur l'individu. Elle n'a pas plus renoncé à l'abolition de l'esclavage qu'à aucun autre progrès. Cependant, dans des sociétés qui, prises en tant que sociétés, représentaient dans leur ensemble un progrès sur les sociétés antiques, elle a trouvé moyen de réaliser ce progrès, cette morale ; mais, encore une fois, elle s'est toujours préoccupée d'en trouver la jonction avec l'histoire de l'humanité.

Si nous prenons le précepte d'idéalisme kantien, d'idéalisme subjectif, tel qu'on peut l'enseigner à un public féminin, ce dogme de la valeur infinie de la conscience intime, autonome, de l'absolu subjectif, nous verrons que l'absolu subjectif intérieur, tel qu'il apparaît à une conscience féminine, est essentiellement quelque chose d'indéfini, qui refuse toute espèce de détermination précise et de limite. L'idée de l'absolu subjectif, quand elle tombe dans une conscience de femme, n'est plus une idée ; elle est encore moins un acte. C'est uniquement un pressentiment, une puissance de se libérer indéfiniment de toutes les servitudes, une tendance à augmenter continuellement la liberté intime. Voilà ce que la femme peut comprendre de la morale kantienne.

L'homme, me direz-vous, prête aussi à ce reproche. Beaucoup d'hommes ont été des fanatiques d'une sentimentalité anarchique. Beaucoup ont été des tolstoïsants, c'est-à-dire ont cru que toutes les conditions historiques de la vie sociale devaient plier devant le pressentiment d'une vie où la conscience règnerait seule, où l'esprit de fraternité supprimerait les guerres, les rivalités et les luttes d'intérêts. Bref, les hommes sont exposés à ce danger, auquel je vous dis que les consciences féminines sont exposées ; mais ils y sont moins exposés que les femmes ; car vous remarquerez que ce qui est dangereux, ce n'est pas l'idée, ce n'est pas la représentation précise et concrète d'un certain état social que l'on cherche à réaliser ; ce n'est pas telle loi humanitaire qui est dangereuse ; c'est l'humanitarisme sous l'inspiration duquel elle est votée. Je n'ai nulle objection à faire à aucune des lois humanitaires, que l'on pourra voter dans un Parlement français, avant d'avoir expérimenté les effets, le contre-coup de ces lois sur la société à l'heure où on les appliquera. Seule l'expérience est juge des quantités, des doses d'idéalisme et de désintéressement que l'on peut insérer dans la vie humaine, laquelle est défendue par des intérêts ; mais ce qui est absolument impossible à enseigner, c'est la perpétuelle inspiration, la perpétuelle tendance à toujours supprimer le dehors et à toujours exalter le rêve intérieur.

Et alors, la morale kantienne peut-elle être enseignée à des femmes autrement qu'en devenant la morale tolstoïenne ? Le subjectivisme peut-il être enseigné à des femmes autrement qu'en devenant sentimental ? Je réponds : non ; et parce qu'il ne peut être enseigné que sous forme de tendance, que sous forme sentimentale, je dis qu'il est toujours dangereux à enseigner à des femmes.

A vrai dire, ce qu'il faudrait enseigner, dans l'école laïque des filles, ce ne serait pas une sorte de morale réaliste et empirique selon la formule de Hobbes : « *Homo homini lupus*, l'homme est un loup pour l'homme. » Les hommes se combattront toujours. Je ne demande pas qu'on leur fasse accepter et admirer la lutte pour la vie. Je ne demande pas qu'on enseigne cette morale à la Nietzsche, morale de la force, du succès à tout prix. Je ne demande pas qu'on enseigne cette morale, trop facilement réaliste, dans l'école primaire ou dans le lycée de jeunes filles ou dans l'école normale supérieure de l'enseignement féminin en France. C'est absolument inutile. Ces leçons de réalisme, par lesquelles quelques-uns d'entre nous ont été dégoûtés heureusement, il y a une dizaine d'années, des leçons du kantisme ; ces leçons du réalisme anglais ou d'une certaine brutalité allemande ; ces leçons de Hobbes ou de Nietzsche ont été peut-être utiles pour les garçons dans notre pédagogie française de ces dernières années. Elles étaient inutiles pour les femmes. Dès que vous débarrassez la femme de cette préoccupation frénétique de l'absolu subjectif, du devoir kantien, elle retrouve le sens de la vie sociale très vite. La question n'était pas de lui rendre le sens de la vie sociale ; c'était de ne lui enseigner qu'une morale qui ne fût pas en contradiction avec ce sens de la vie sociale française qu'elle trouve établie autour d'elle. Or, y a-t-il une morale philosophique, puisqu'il s'agissait de philosophie, qui exprime et qui justifie les mœurs françaises, leur organisation ? Je n'en connais pas d'autre vraiment que la morale catholique, car vous remarquerez que les principales institutions, sur lesquelles repose cette morale commune des Français, sont essentiellement des créations du christianisme, perfectionnées, nuancées et filtrées par l'expérience des siècles.

Il n'y a aucune autre espèce de manière, je crois, de faire la pédagogie de la femme en France, si on veut qu'elle reste adaptée à la société française qu'elle est chargée de conserver, car la femme est conservatrice. Elle est toujours conservatrice : Quand elle invente, elle invente trop, elle invente dans le rêve; mais la femme sensée, sérieuse, qui conserve ce qui est, qui est une gardienne du foyer plutôt qu'une créatrice, la femme qui représente l'élément pondérateur, je ne vois pas qu'il soit nécessaire de lui enseigner une philosophie qui la mette dans la confidence des tentatives de transformation de la société auxquelles l'homme, pour son malheur, mais aussi pour son honneur, se livrera toujours dans une race comme la nôtre. Ce n'est peut-être pas un mal qu'il y ait des socialistes en France, si ces socialistes sont des ouvriers; ce serait certainement un grand mal qu'il y eût des suffragettes.

Qu'est-ce qui forme les suffragettes ? C'est uniquement la prédication protestante du dieu intérieur ; c'est l'appel à la conscience souveraine, à la conscience non dirigée. Les effets de l'école laïque et de la morale de l'école laïque des filles ne se sont pas traduits par des mouvements ridicules ni odieux. Ils ne sont pas très visibles. En pratique, les élèves sorties de l'école laïque sont rentrées très vite dans la mentalité commune. A part celles qui sont devenues des écrivains, des philosophes, des professeurs, les trois quarts des autres se sont retrouvées très facilement d'accord avec leurs mères pour considérer que la discipline la plus idéaliste de toutes, c'était celle du catéchisme. Leurs besoins moraux n'ont pas dépassé sensiblement les cadres historiques, traditionnels, qui leur avaient été enseignés par l'éducation des couvents. Cela tient probablement à ce que le problème de la pédagogie ne se pose pas du tout pour la femme autrement qu'à son foyer et autrement qu'en face de son enfant, et à ce que le problème de la pédagogie publique, lequel est un problème politique, la laisse en réalité incompétente. Que ce soit pour cette raison ou pour une autre, l'école laïque des filles n'a pas fait tout le mal qu'on pouvait redouter. Mais ce que nous nous proposions de nous demander, ce n'était pas si l'école laïque des filles avait fait du mal, c'était si l'éducation féminine doit être orientée, au sortir de l'école, selon les idées et les tendances qui figurent dans l'éducation de l'école. En d'autres termes, nous cherchons, pour les garçons, une philosophie qui puisse être développée après l'école. Ne serait-il pas naturel de chercher, pour les filles, une philosophie qui également pût être développée après l'école ? Il ne faudrait pas que la solution, ce fût le prosaïsme. Il ne faudrait pas que cette éducation, commencée sous l'inspiration déraisonnable du kantisme, du tolstoïsme et de la conscience autonome, manquât ses mauvais fruits ; il ne faudrait pas qu'elle échappât au danger de déformer les consciences féminines par cette piètre aventure qui serait le prosaïsme, le retour à un certain scepticisme, à un certain laisser-aller et à une renonciation à toute préoccupation élevée et désintéressée pour les filles. Il faudrait qu'on pût prolonger la culture de l'école primaire des filles, sans la mettre en contradiction avec les principes selon lesquels elle a été commencée.

Or, ce que je prétends, c'est que la culture supérieure, la culture qui peut être prolongée par ce que l'on appelle, dans l'éducation catholique, le catéchisme de persévérance, les conférences d'instruction religieuse, l'éducation qui correspondrait à cela est impossible à faire comme une continuation logique de la pédagogie primaire féminine, telle que l'ont conçue les kantiens. Si l'on fait des catéchismes de persévérance kantiens, des lectures spirituelles kantiennes à dix-sept, dix-huit, dix-neuf ans ; si l'on fait des cours du soir de morale laïque pour les filles, on ne pourra pas les faire dans un esprit kantien sans risquer de faire de ces cours du soir des pépinières de suffragettes. Voilà exactement la difficulté. Cela même nous indique le défaut du principe qu'on a essayé d'appliquer.

Vous me direz : Mais alors vous concluez qu'il faudrait n'enseigner dans l'école laïque des filles que la morale du catéchisme ? Je réponds : oui, pas d'autre. Mais, direz-vous, dans toutes les communes, contraindrez-vous toutes les familles, même protestantes, israélites ou libres penseuses, à envoyer leurs filles chez les bonnes sœurs ? Je réponds : Non. L'État ne doit pas prendre à sa charge l'éducation morale et par conséquent l'éducation, car pour les filles l'éducation est tout entière dans l'éducation morale. L'État ne doit pas prendre à sa charge l'éducation uniforme des jeunes filles et des petites filles de France. S'il est nécessaire d'instaurer une certaine décentralisation dans l'école ; s'il est nécessaire que l'État desserre le réseau de sa centralisation pédagogique en ce qui concerne les garçons, c'est encore plus indispensable pour les filles. Si la solution, c'est la décentralisation, c'est-à-dire l'école reflétant les intérêts, les sentiments et les volontés de la commune dans laquelle elle est placée ; si la solution véritablement équitable, c'est la décentralisation pour l'école des garçons, elle est indispensable pour l'école des filles.

Laissez vivre, là où elles se sont produites spontanément, les écoles primaires de filles, et laissez-leur enseigner la morale qui se trouve à la fois exprimer et l'idéal chrétien extrêmement élevé des sœurs et l'idéal humain extrêmement sage, délicat et fin des mères. La mère de famille, la religieuse représentent chacune les deux éléments indispensables d'éducation morale pour les femmes françaises. L'élément idéaliste, l'entraînement du cœur vers les sommets de la vie du cœur qui est indispensable à l'éducation féminine, l'entraînement à la charité, au dévouement, au sacrifice, l'entraînement à l'oubli de soi, qui est représenté par la sœur de charité, laquelle n'exprime pas cet entraînement à l'oubli de soi, au sacrifice par des préceptes, par des idées qu'elle prétend tirer de sa conscience individuelle, mais l'exprime par des préceptes et par des idées qu'elle entend tirer d'une conscience qui la dépasse infiniment elle-même, d'une révélation qui pour elle est divine ; telle est la seule force d'idéalisme qui soit compatible avec le bon sens dans l'éducation des femmes. Quant au réalisme nécessaire, quant à ce qui est l'attachement aux intérêts positifs et aux devoirs qui en découlent, quant à cette éducation sociale, qui n'est pas strictement l'éducation religieuse, elle est représentée par la mère de famille. Education sociale, religieuse, voilà ce qui supplée à l'éducation éthique ou morale proprement dite, laquelle est impossible pour la femme. La morale pour la femme, c'est la religion, c'est la vie sociale, c'est la famille, et c'est l'Église. Mais la religion intermédiaire, la religion des devoirs qui ne sont ni sublimes, ni ordinaires, la religion des devoirs qui ne concernent pas la famille et qui ne concernent pas Dieu, la religion des devoirs qui sont uniquement à hauteur d'homme, qui ne concernent que la société à organiser, à perfectionner, à développer ; cette morale, elle doit être le privilège de la pédagogie virile, elle doit être enseignée dans l'école des garçons. A la rigueur, nous pouvons enseigner la morale française, nous les professeurs de philosophie ; mais nous ne pouvons pas enseigner une religion française parce que la religion est plus que française, puisqu'elle est universelle. Voilà pourquoi nous faisons appel à d'autres pour cette partie de l'éducation. Par ailleurs, pour ce qui est de l'éducation de la famille, nous ne pouvons rien enseigner du tout. Nous devons donc nous en rapporter aux conseils, aux suggestions de cette espèce de génie qui est dans le cœur des mères et auquel les seules réponses intelligibles, valables, ne peuvent être données que par le cœur de leurs filles. L'éducation est un problème ; la pédagogie en est un autre. Il n'y a pas de pédagogie des filles en France. Il y a une éducation des filles et c'est celle qui se fait, d'une part à l'église, d'autre part à l'école. Mais nous demandons que l'école des filles reste ce qu'elle a toujours été : une sorte de sanctuaire, très peu éloigné du foyer, où la mère de famille se trouve très vite accueillie comme le premier des professeurs ou plutôt comme le premier des maîtres.

Il n'y a pas d'autre doctrine que celle-là et je ne crois pas que, s'il n'y en a pas d'autre en pratique, il y en ait une autre en théorie. Nous verrons prochainement s'il n'y a pas quelque chose à garder des tentatives qui ont été faites dans une morale féminine, dans une pédagogie féminine en France. Je crois qu'il faut rendre justice aux efforts, aux méditations parfois très élevées qui y ont été consacrées ; mais aucune de ces méditations ne prendra jamais la consistance d'une méthode véritable. Il y a eu des Fénelon laïques. Je regrette de le dire pour Fénelon : Ce n'est pas Fénelon qui a fait l'éducation des filles en France. Ce sont les femmes du xvii° siècle. C'est Mme de Sévigné.

SIXIÈME LEÇON

LES CONSÉQUENCES : RAVAGES DE L'ABSOLU SUBJECTIF. LA MORALE IGNORE LA SOCIÉTÉ : TOLSTOI

SIXIÈME LEÇON

LES CONSÉQUENCES : RAVAGES DE L'ABSOLU SUBJECTIF. LA MORALE IGNORE LA SOCIÉTÉ : TOLSTOI.

Je vous ai indiqué, au début de ce cours, que l'examen de la morale de Kant que nous faisons ici avait surtout pour objet de nous expliquer les ravages — il faut employer ce mot — qu'avait produits dans l'éducation française l'abus de cette notion de la conscience souveraine, de la conscience juge, et non dirigée et non jugée, qui est en somme à peu près l'unique principe de la morale de Kant.

L'idée de la conscience, vous le savez, est dans le kantisme à peu près la seule que l'on se permette d'élever à l'absolu ; c'est-à-dire que la philosophie de Kant, le criticisme idéaliste de Kant ayant à peu près rejoint les philosophes anglais relativistes du xviii° siècle au point de vue métaphysique, ayant abouti à peu près aux mêmes négations que la philosophie de Young en ce qui concerne la métaphysique — et on peut même dire la physique, le monde extérieur, — se trouve au contraire s'attacher, avec une sorte de rage, à la réalité des phénomènes ou des notions qui existent dans le for intérieur. Autant la philosophie de Kant nous sépare du monde extérieur et nous amène à un scepticisme général sur les notions que nous pouvons en avoir, autant elle est dogmatique en ce qui concerne le monde de la vie intime ; et il y a là un contraste qui a frappé beaucoup d'historiens de la philosophie. Ils y ont vu une disposition d'esprit, assez commune dans l'histoire de la philosophie et de la pensée humaine en général. Ils ont dit que le scepticisme sur certaines questions amène toujours, par une sorte de revanche, de réaction, à un dogmatisme plus absolu, plus intransigeant sur les autres. En d'autres termes, on a dit que Kant, en prétendant détruire la portée des métaphysiques classiques, a voulu élever plus haut qu'elle ne l'avait jamais été la valeur de ce qui n'est pas métaphysique, de ce qui est moral ; et par là, il a cru qu'il restaurait la philosophie.

Je ne veux pas entrer dans la discussion de ce point de vue, qui a été celui de beaucoup d'historiens de la philosophie. Je ne sais pas s'il est exact de dire d'abord que la philosophie de Kant se résoud en scepticisme à l'égard du monde extérieur. Il ne faut pas la rapprocher, autant que cela, du relativisme et du parallélisme de l'école anglaise de Young. Je crois que, même dans la philosophie de Kant, la valeur des lois de la science peut être maintenue et restaurée ; et, s'il y a scepticisme chez Kant, ce n'est certainement pas un scepticisme assez radical pour qu'on justifie, par une sorte de réaction contre ce scepticisme, les conceptions morales de Kant. Je crois qu'il y a, dans la morale de Kant, autre chose qu'un effort pour échapper aux négations qu'il passe pour avoir établies dans la philosophie générale. Non, il y a, dans la morale de Kant, quelque chose qui ne lui est pas particulier ; il y a un mysticisme qui n'est pas seulement le sien et qui se retrouve chez beaucoup de moralistes des temps modernes. L'idée que notre vie intérieure a un prix infini n'est pas une idée propre à la philosophie de

Kant ; c'est une idée que nous retrouvons chez Pascal et en général chez tous les moralistes de l'ère moderne ou chrétienne. Il n'y a pas à attribuer à Kant tout seul cette disposition à considérer, sous l'angle en quelque sorte de l'infini et de l'absolu, les notions de notre vie consciente. C'est une disposition religieuse. On met de l'infini et de l'absolu dans les sentiments ou dans les intuitions de la conscience dès que ces intuitions, ces sentiments, ces tendances se rattachent en nous à quelque chose de religieux. Il est très certain que tout sentiment religieux implique et impose immédiatement l'idée de l'absolu et l'idée de l'infini. La question, la difficulté n'est pas de légitimer la notion de l'absolu ou la notion de l'infini, laquelle, encore une fois, est dans toutes les consciences modernes. Elle est de savoir si cette notion de l'infini et de l'absolu peut être transportée dans les relations de l'homme avec ses semblables et à quelles conditions elle peut y être transportée sans bouleverser notre vie sociale, sans élever chaque individu au rôle de prophète. L'intensité des sentiments moraux qui se traduit, pour notre esprit, par l'idée de leur infinité, l'idée qu'on ne peut jamais, par exemple, trop aimer le bien, cette idée de porter à l'infini les sentiments de la conscience morale n'est pas, en elle-même, quelque chose de particulier à Kant, ni quelque chose qu'il faille condamner ; c'est la vie même de l'âme, l'aspiration à se dépasser continuellement elle-même ; c'est la vie même d'une âme que domine un sentiment vraiment religieux.

Ce n'est donc pas contre l'idée d'infini et d'absolu que nous élevons des critiques lorsque nous élevons des critiques contre la morale de Kant, c'est contre l'usage qui est fait dans cette morale de la vieille idée de l'infini, de l'absolu. Je prendrai cette précaution de dire cela parce que je ne voudrais à aucun prix que l'on s'imagine que ce qui est critiquable, du point de vue nationaliste, du point de vue relatif et du point de vue positif qui est le nôtre à « l'Action Française », — c'est-à-dire ce qui est critiquable, en se plaçant à ce point de vue, dans la morale de Kant —, ce soit ce que certains moralistes, auxquels j'ai fait allusion dans la leçon précédente, les moralistes allemands comme Nietzsche ou Schopenhauer, ont condamné ; l'espèce de, je ne dirai pas de positivisme, car ce n'en est pas un, mais l'espèce d'affectation réaliste de la morale de

Nietzsche, c'est-à-dire la morale de la force et du succès, morale que l'on pourrait qualifier, lorsqu'elle s'applique à la guerre par exemple, une caricature de la morale de Joseph de Maistre ; cette apologie de la force, qui était faite avec une grande confusion et une sorte de fanatisme aveugle par un Nietzsche, ne nous détourne pas du tout de ce qu'il y a toujours eu d'absolument légitime dans le réalisme en morale. Les Français et la morale des Français ne doivent pas être rattachés à un idéalisme, comment dirai-je ? romantique, sentimental, qui se réduirait toujours à une sorte de détachement des résultats de l'action, en vertu de l'estime que l'on fait des intentions, qui se réduirait, par exemple, à cette maxime très belle et très folle que l'on répétait après la guerre de 1870 : *Gloria victis !* honneur à la défaite, aux vaincus ! C'est là du sublime, c'est possible, mais c'est un sublime maladif, et qui dénote, chez une nation, un état de décadence. La vérité humaine et morale est du côté de la maxime romaine : Malheur aux vaincus ! Le droit qui ne sait pas se défendre ne doit pas s'habituer à se glorifier de sa faiblesse. C'est fausser la psychologie de l'histoire de France que de présenter les Français en face des Allemands comme des glorificateurs, comme des apologistes du droit désarmé, comme des poètes et des prophètes, dois-je dire, du mérite qu'il y aurait à n'être pas les plus forts. Non, la morale française, la morale la plus idéaliste, celle des chevaliers, celle de saint Louis, n'est pas du tout cette espèce d'idéalisme pleurard qui crie : La preuve que nous sommes sublimes c'est que le droit est avec nous et que la force est de l'autre côté ! Non, s'il n'y a que le droit de notre côté, nous n'avons pas atteint le niveau moyen de l'humanité. A tout prix, il faut rattraper ce niveau si nous ne voulons pas emporter avec nous dans la ruine, dans la décadence et dans le mépris de l'humanité ces notions mêmes du droit, ces notions superbes dont nous nous sommes faits les champions. Ne fût-ce qu'à cause de son dévouement aux grandes abstractions dont vit l'humanité, la France se doit d'être forte. Nous ne prétendons donc pas lui prêcher, ni lui enseigner, ni demander qu'on lui enseigne, dans les écoles primaires, une morale de la faiblesse, une morale d'un idéalisme en quelque sorte déchaîné et qui se perdrait dans les nuages d'un mysticisme maladif.

Mais ceci bien posé, je voudrais indiquer qu'il y a eu tout de même dans la morale inspirée de Kant, c'est-à-dire dans la morale qui fait de la conscience l'unique mesure de la valeur des actes humains, des dangers et des causes de corruption pour la civilisation française, pour la société française et en définitive pour la nation. La morale qui se borne à l'affirmation de la conscience, qui fait appel à l'intuition intime du sujet et qui renonce à mettre cette intuition d'accord avec les notions, les mœurs, les lois de la société ambiante, cette morale-là nous amène à une école d'anarchisme qui, pour être mystique, n'en est pas moins destructive. C'est cet anarchisme auquel je fais allusion lorsque j'indique que le sujet de cette leçon sera la philosophie de Tolstoï, le tolstoïsme.

En quoi consiste ce que l'on a appelé le tolstoïsme, cette morale qui, mise à la mode par les romans du grand écrivain, a fini par exercer dans les écoles une telle influence qu'on allait jusqu'à donner comme manuels de morale élémentaire, de lecture édifiante, les contes ou les petits drames ou les petites comédies, les petites paraboles écrites par Léon Tolstoï pour les moujicks de son village ? De ces contes là il est probable que vous en connaissez quelques-uns. Je crois que de ces contes le refrain perpétuel est bien celui-ci : la conscience se suffit à elle-même et tout ce qui semble la limiter ou la contredire doit être tenu pour rien.

En quoi cela se rattache-t-il à la morale de Kant ? Essayons de voir quelques-uns de ces principes les plus connus par les ravages qu'ils ont exercés, par les folies qu'ils ont inspirées et voyons comment, ces folies tolstoïennes, on est obligé de les réaliser quand on reste placé au point de vue de la morale kantienne. Il faut voir comment les excès de la morale de la conscience résultent logiquement des principes posés par la philosophie de Kant. Ce sont des excentricités quand nous sommes placés au point de vue de la morale commune. Mais elles ne sont plus condamnables dès que l'on admet le principe kantien. Voilà ce que je crois qu'on peut démontrer.

Ce point de vue paraîtrait peut-être étonnant à certains disciples de Kant, attendu qu'on vous dira que le trait principal de la philosophie de Kant, de sa morale, c'est d'être extrêmement sèche, de s'appuyer, comme on dit, sur la raison, sur quelque chose d'abstrait et d'éliminer le plus possible tout ce qui est sentimental. On vous dira : mais comment voulez-vous que la morale de Kant ait jeté les jeunes générations d'écoliers français sur le chemin des folies tolstoïsantes puisque Tolstoï est un homme qui ne parle qu'au nom du cœur, de la sensibilité, de l'émotion, de l'amour humanitaire, et qu'au contraire Kant est un philosophe qui, en morale, proscrit farouchement la sensibilité et ne parle que de raison.

La contradiction ou plutôt la distance entre ces deux points de vue, le sentimentalisme de Tolstoï et le rationalisme subjectif de Kant, n'est pas si grande qu'elle apparaît au premier abord. Remarquez que ce que Kant appelle la conscience et ses lois, la conscience morale; ce qu'il appelle l'impératif catégorique, ce n'est pas quelque chose qui soit extérieur à nous. Nous avons dit que cette maxime de morale pratique : agis toujours d'après une maxime qui puisse servir de loi universelle, ne déterminait, par elle-même, aucune espèce de limites à l'aide desquelles on pût exclure ou l'on pût admettre telle ou telle manière d'agir. Il n'y a pas, avons-nous dit, de raison pour que la maxime de mon acte, lorsque j'agis en égoïste, par exemple, ne soit pas généralisée si je n'ai pas égard aux conséquences de cette action dans la vie sociale. Prise en elle-même, la manière d'agir égoïste, le mensonge ou la violence ou le vol, que ce soit une manière d'agir comme celle du conquérant, par exemple, qui s'assimile, qui s'annexe un pays voisin parce qu'il en a envie; ou que ce soit la manière d'agir de l'individu qui prend le bien de son voisin dans la vie privée, c'est exactement semblable lorsqu'on fait abstraction de la portée, de l'étendue, du volume en quelque sorte historique ou social des actes que l'on considère. Si la maxime du conquérant est admise comme morale dans la vie internationale, la maxime du voleur dans la vie privée est également morale du point de vue subjectif. Si l'on ne considère que la tendance subjective, personnelle, qu'elle se traduise par des résultats immenses ou par des résultats médiocres, elle est toujours la même : il n'y a rien de moral ou rien d'immoral. En d'autres termes, on ne peut pas prononcer un jugement moral sur les actions lorsqu'on reste au point de vue subjectif en lui-même. Le principe pour l'homme de développer sa personnalité ne souffre pas, s'il est bon, de limite. Je vous ai dit que l'on pouvait très bien admettre, lorsqu'on fait abstraction des éléments historiques et sociaux dans la morale, qu'un peuple, se considérant comme arrivé à un degré de conscience plus élevé que les autres, les absorbe et dise : la force dont je me sers n'est qu'un moyen pour l'amélioration de l'humanité ; elle n'est que l'expression du droit que j'ai en moi, peuple supérieur, du seul fait que je conçois que je suis supérieur.

L'orgueil, l'esprit de domination ne sont pas des dispositions qui soient condamnables par la conscience subjective, livrée à elle-même. Pris dans le for intérieur, le sentiment de l'orgueil ne se différencie pas de la valeur infinie de la personne. Ce sentiment, que nous appelons valeur infinie de la personne humaine, lorsque nous le prenons en dehors dans une autre personne, lorsque nous nous obligeons nous-mêmes à en tenir compte et à dire : je vais attribuer une valeur infinie à cette personne et la traiter comme infiniment respectable, comme ayant une valeur infinie, — ce sentiment-là, lorsque la vie sociale est commencée, lorsqu'il y a deux consciences en présence l'une de l'autre, se discerne du sentiment de l'orgueil. Mais lorsqu'on est placé au point de vue purement subjectif ; lorsqu'on s'enferme dans le for intérieur, il est impossible de discerner l'orgueil de l'intuition que le sujet croit avoir de sa propre valeur humaine. L'individualisme est au fond de la raison subjective, de la raison pratique de Kant, tout autant qu'il est au fond de la sentimentalité de Tolstoï. Ce qui est réel dans la raison pratique de Kant, ce qui est vivant dans la conscience, c'est l'individualisme, c'est l'individu, car individualisme est encore quelque chose de trop abstrait. L'unique réalité morale ou subjective, qui subsiste dans le monde tel que le conçoivent les subjectivistes kantiens, c'est la conscience individuelle, c'est-à-dire l'individu. Or, si l'individu s'imagine un instant être la seule réalité morale qu'il puisse connaître ; s'il dit : tout ce que je connais indirectement des autres individus, je vais en faire abstraction ; s'il s'enivre de sa vie intérieure, de sa vie consciente, je dis que la raison est noyée dans le sentiment et qu'il est impossible de discerner ce qui est tendance de ce qui est idée claire, précise, limitée.

L'individualisme, ou tendance de l'individu à s'enfermer en lui-même, mène directement à la théorie du surhomme de Nietzsche, c'est-à-dire à cette théorie d'après laquelle l'unique loi de croissance morale pour l'homme c'est de vaincre et d'imprimer sa marque, d'imposer sa loi aux choses du dehors. Il y a, dans cette espèce d'orgueil, un des mystères peut-on dire de la vie morale, sur lequel on n'insiste pas assez. Remarquez que, chez les chrétiens eux-mêmes, soumis longtemps à une éducation extrêmement forte, chez des hommes comme ceux de Port-Royal au xvıı° siècle, on a vu des exemples de cette exaltation de l'orgueil moral, comme nous en trouvons avec scandale dans le romancier russe Tolstoï ; vous l'auriez trouvée, cette exaltation, en pleine cour de Louis XIV ; vous l'auriez trouvée à Port-Royal, à trois kilomètres du Louvre ; vous l'auriez trouvée en plein xvıı° siècle, au milieu d'une société extrêmement hiérarchisée, extrêmement disciplinée, et disciplinée sous les lois de la théologie et de la morale catholiques. Si donc ces exaltations d'orgueil mystique, que nous apercevons chez les jansénistes, peuvent se produire, malgré toutes les contraintes et toutes les disciplines que vous connaissez, à combien plus forte raison n'est-on pas exposé à les voir apparattre dans ces consciences qui ont été soustraites, dès l'enfance, dans la France contemporaine, aux disciplines spirituelles qui auraient pu les assagir, les affiner et comme les modeler. Comment voulez-vous qu'il n'y ait pas des anarchistes de l'individualisme parmi les élèves de nos écoles primaires, puisqu'il y en avait aux petites écoles de Port-Royal ?

Voilà le danger d'individualisme que l'on rencontre toutes les fois que l'on manie cette réalité, prodigieusement délicate, mobile, puissante que l'on appelle la conscience. La conscience est peut-être ce que nous connaissons de plus divin en l'homme ; mais, à cause de cela même, nous devons penser que c'est peut-être ce par quoi l'homme touche à ce qu'il y a de plus diabolique en lui. L'extrême exaltation de la conscience individuelle peut produire des saints si cette conscience a été modelée par une discipline qui la mette d'accord avec le monde. Elle peut produire des héros. Mais elle peut produire aussi des fous, si elle n'est pas dirigée ; et, plus elle aura de puissance dans ce cas où elle n'est pas guidée et éclairée ; plus elle aura d'énergie intime, plus ces excès, qu'elle croira sublimes, pourront l'amener vers la folie et vers le crime. C'est ce qu'on pourrait appeler la psychologie de cet anarchisme, qui s'est traduit, vers 1894, par les faits dont tout le monde a entendu parler. On a dit que, subitement, il y avait eu une épidémie morale dans certains milieux parisiens ; que, dans l'extrémité du Quartier latin qui touche au Jardin des Plantes, où se trouvent des exilés polonais et russes, on s'était mis à fabriquer des bombes ; que des chambres d'étudiants, meublées de livres extrêmement élevés, extrêmement idéalistes, des chambres qui semblaient être le sanctuaire de la méditation la plus paisible, étaient devenues des laboratoires de chimie destinés à préparer l'incendie et le renversement de Paris et en général de toutes les capitales civilisées. On s'est fâché, on a poussé les hauts cris, lorsqu'on a vu devant les tribunaux des lanceurs de bombes raconter et expliquer qu'ils étaient arrivés à leurs crimes en déroulant tranquillement et placidement dans leurs chambres les principes, les conséquences de l'individualisme révolutionnaire ; que c'étaient en somme des lecteurs de Rousseau et de Tolstoï qui finissaient par s'appeler Émile Henry et par mourir d'ailleurs sur l'échafaud avec une force d'âme qui obligeait les assistants à les plaindre autant qu'ils les blâmaient. Il y a eu des martyrs de l'individualisme anarchique comme il y a eu des martyrs de l'Évangile au début de la prédication chrétienne. Il y a eu des martyrs de la conscience non dirigée, de la conscience exaltée. Cela doit suffire à nous mettre en garde contre une morale qui n'aurait pas d'autre principe que cette conscience même, que cette valeur humaine, laquelle, répétons-le, est infiniment variable.

Les ravages de l'individualisme, du mysticisme anarchique, de l'idée que l'homme est la mesure des choses dans l'ordre moral, les ravages de cette morale-là ont été infinis. Je voudrais seulement, pour ne pas entrer dans de trop grands détails, appeler votre attention sur deux ou trois des formes qu'ils ont prises.

L'idée de la conscience a été dressée par l'individualisme contre quelques-unes des plus grandes institutions, des plus essentielles à la vie humaine et à la vie civilisée. De quelle façon ? Prenons, si vous le voulez, l'individualisme tolstoïsant, d'abord parce que notre principe est de partir plutôt du dehors, de considérer la morale dans ses aboutissants historiques. Prenons d'abord la notion individualiste de la conscience appliquée à cette réalité que nous appelons la nation ou la patrie.

L'antipatriotisme, l'idée que nous sommes les citoyens du monde avant d'être les citoyens de notre nation, l'humanitarisme est-il une application directe de la morale de l'impératif catégorique, de la morale subjectiviste et individualiste? Je crois que oui. Je ne crois pas qu'il soit possible de justifier une morale nationale ou nationaliste, une morale qui fasse place à l'idée de patrie, si on part du point de vue de la conscience individuelle. Pourquoi ? C'est que si la loi est de développer, d'élever à l'infini et à l'absolu notre personnalité, il s'ensuit que ce qui, dans notre personnalité, est rattaché à des contingences physiques ; ce qui, dans notre personnalité, est de telle région, de tel terroir, et aussi de tel temps, de tel moment de l'histoire ; ce qui, dans notre personnalité, n'est pas absolument identique à ce que nous trouvons dans l'idée abstraite de l'homme ; ce qui, dans notre personnalité, est particulier, cela, du point de vue kantien, doit être éliminé.

Vous me direz : Il y a des sentiments, il y a des

tendances qui, bien que subjectives, sont propres à telle ou telle petite patrie ; il y a des mœurs, des coutumes qui, bien que particulières, ne sont pas en elles-mêmes mauvaises et peuvent être approuvées par une morale philosophique. Oui, dans une philosophie qui s'est formée, en quelque sorte, parallèlement avec l'histoire. Mais, dans une philosophie qui, comme celle de Kant, prétend faire abstraction de l'histoire ; dans une philosophie qui, comme celle de Kant, veut élever à l'absolu notre vie intérieure, je ne crois pas qu'il soit possible d'attribuer une valeur absolue, une valeur de loi, à ces usages, à ces coutumes, à ces mœurs sacrées de la petite patrie qui, dans les philosophies ordinaires, gardent leur valeur. Si cela n'a pas une valeur absolue, cela ne vaut rien dans la morale de Kant, puisque, par définition, Kant n'admet comme loi que ce qui est absolu, infini et universel. Ce qui n'est simplement que possible à approuver, à goûter ; ce qui plaît à la sensibilité ; ce qui plaît, comment dirai-je ? au goût du pittoresque en quelque sorte, cela ne peut pas être imposé comme loi ; ce n'est pas une règle. Les usages, les traditions, quelle valeur cela a-t-il dans une morale subjective comme celle de Kant ?

Je crois que cela n'en a aucune, parce que cela a commencé ; cela pourra finir ; c'est de tel pays et ce n'est pas de tel autre ; cela tombe immédiatement sous le coup de la fameuse parole pascalienne : « Vérité en deçà des Pyrénées, erreur au delà ! » Dès que l'on proscrit les vérités qui sont vérités en deçà des Pyrénées, erreurs au delà, on est en pleine morale kantienne ; et, dès que l'on prétend appliquer la morale kantienne, la morale de l'absolu subjectif, la morale de la commune mesure faite pour toutes les consciences, on arrive à ce scepticisme pascalien sur les principes qui sont vérité en deçà des Pyrénées, erreurs au delà.

En d'autres termes, les morales nationales, les morales qui rattachent un individu à la société dans laquelle il est né, ne sont pas philosophiques au point de vue kantien. Seront-elles religieuses ? Elles ne seraient religieuses qu'à la condition que la nation, dans laquelle nous considérerions une de ces morales pour l'élever à l'absolu, serait considérée en même temps par nous comme le siège, comme le lieu d'élection d'une religion supérieure aux autres. Il y a un nationalisme moral possible dans la morale de Kant. Oui, cela existe ; mais uniquement pour la nation qui se considère, au point de vue religieux, comme supérieure aux autres parce qu'elle a reçu la révélation pour elle-même ; et j'ai nommé ici la nation de Luther. Oui, on peut élever à l'absolu le nationalisme prussien, le nationalisme allemand si vous aimez mieux l'étendre ; on peut élever à l'absolu la morale allemande, lorsqu'on considère qu'au point de vue religieux elle a constitué, grâce à Luther qui tient une place prépondérante dans ses inspirations, un progrès et une révélation pour les autres nations. De même la morale juive : on peut élever à l'absolu la morale du peuple juif si le peuple juif se considère, à l'heure qu'il est encore, comme détenteur d'une révélation supérieure à celle dont vivent les autres nations. On ne peut pas échapper au scepticisme sur les morales nationales lorsqu'on se place au point de vue subjectif ; on ne peut pas y échapper autrement que par une affirmation rigoureusement religieuse.

Vous me direz que c'est la loi commune à toutes les morales nationales. Vous me direz que la morale nationale française, l'idée de la grandeur de la France comme désirable, l'idée de l'empire de la France comme souhaitable pour la civilisation du monde, cela consiste aussi à élever à l'absolu la conception morale d'une certaine nation particulière et que c'est faire acte religieux. Je vous répondrai très volontiers : Oui, il est certain que la manière d'agir et de considérer et de concevoir les lois de l'action humaine, que nous constatons en France, ne peut être élevée à l'absolu si on n'invoque pas des mobiles religieux. Au fond, je sais très bien que, dans la conscience française, toutes les fois qu'un principe est élevé à l'absolu c'est par une idée religieuse et c'est par une idée catholique. Mais cela ne fait que reculer le problème ; cela nous amène à penser que le problème moral est dominé par le problème religieux et qu'il faudra, après avoir légitimé, hiérarchisé les différentes conceptions morales de l'humanité, trouver le principe de cette hiérarchie et dire pourquoi l'une vous paraît supérieure à l'autre, pourquoi l'une est plus civilisatrice que l'autre ; et lorsqu'on voudra dire le pourquoi de cette hiérarchie, on sera obligé de se rattacher à un fait religieux et historique à la fois, comme la constitution à travers les siècles de l'Église romaine, ou comme la naissance, il y a quatre siècles, de l'Eglise luthérienne. Mais peu importe ! Ce que je voudrais démontrer, ce n'est pas l'idée de la valeur d'une nation dans la morale civique, c'est que la morale civique d'une nation peut être élevée à l'absolu. Mais, quand elle est élevée à l'absolu, je veux dire que c'est en faisant appel à autre chose qu'à l'intuition de la conscience individuelle. Ce n'est pas en tant que l'individu se sent homme, qu'il se sent simplement humain, qu'il a le droit d'élever à l'absolu des notions de sa conscience morale ; c'est en tant qu'il est Français, catholique et que ces notions qu'il prétend élever à l'absolu sont indispensables au maintien de ses relations avec ses concitoyens français et catholiques. En d'autres termes, c'est au nom d'un ordre extérieur avec lequel elle essaie de rester en rapport, que la conscience peut s'élever à l'absolu. Que cet ordre extérieur ne soit pas immédiatement l'ordre universel ; qu'il soit l'ordre national, cela n'empêche pas qu'il soit extérieur.

Il y a donc, dans le sentiment des tolstoïsants qui disent : Moi, je ne crois pas à la nation parce que je suis homme ! quelque chose qui s'explique parfaitement. En tant qu'humaine, la conscience n'impose pas l'idée de nation ; elle impose l'idée de l'humanité. Le problème de l'histoire et de la civilisation, c'est précisément de savoir pourquoi l'humanité ne se réalise que par des nations. Si vous enfermez la conscience toute seule, vous supprimez le problème ; c'est ce qu'a fait Tolstoï et ce qu'a fait Kant. Je ne vois pas pourquoi on élèverait l'idée de nation au même plan que l'idée d'humanité si telle nation ne rend pas tels services déterminés au progrès de l'humanité. Il faudra justifier l'idée de nation, de même qu'il faudra justifier l'idée de famille. Si l'institution de la famille ne rend pas certains services déterminés à la société que nous appelons nation ; si ce cercle un peu plus restreint ne se trouve pas nécessaire pour consolider, pour servir tout au moins d'appui au cercle un peu plus large que l'on appelle la nation, de même que la nation sert à consolider ce cercle plus large encore que l'on appelle l'humanité ; si la famille ne rend pas des services sociaux extérieurs à l'homme, je ne vois pas du tout pourquoi on condamnerait par exemple l'idée de l'amour libre qui fait abstraction de l'idée de famille. Qu'est-ce que l'idée de la famille, qu'est-ce que la morale de la famille ? C'est une espèce de législation du sentiment individuel, de la passion individuelle qui s'appelle l'amour. La notion de l'amour libre dans la société contemporaine ne peut pas être condamnée d'un autre point de vue que d'un point de vue extérieur et social. Du point de vue intérieur et sentimental, il peut y avoir tout autant de noblesse, tout autant de délicatesse dans l'amour libre que dans l'amour régularisé et légitimé et codifié par la famille, de même qu'il peut y avoir tout autant de générosité, de délicatesse dans l'anarchisme que dans le patriotisme.

Vus du dedans, vus de la conscience, les sentiments que l'on élève à l'absolu peuvent être aussi bien l'un que l'autre élevés à l'absolu. On ne voit pas pourquoi l'un le serait avant l'autre ; et on peut détruire la patrie au nom de l'humanité, on peut détruire la famille au nom de la patrie ; ce sont des attitudes parfaitement possibles à légitimer si on ne fait appel qu'à la conscience. Pour que chaque cercle, dans lequel s'inscrit la vie humaine, prenne de la solidité ; pour que chaque petite sphère ne se confonde pas avec la sphère enveloppante dans cette espèce de ciel que forme la vie morale ; pour que les sphères subordonnées ne se confondent pas avec les sphères qui doivent les subordonner, il faut absolument que l'on se place à un point de vue autre que celui du dedans de cette sphère. Celui qui place la morale humanitaire au-dessus de tout, et qui veut tout y sacrifier, éprouve exactement le même sentiment du devoir accompli, lorsqu'il jette sa bombe ou refuse le service militaire, qu'éprouve le soldat qui se sacrifie sur la tranchée, ou qu'éprouve le père de famille qui défend sa maison ou qui se fait ensevelir sous ses ruines, comme l'a fait Albéric Magnard dans sa maison des environs de Senlis. Les trois sentiments, les trois intuitions, les trois attitudes morales sont exactement les mêmes, si nous nous plaçons au point de vue intime de la conscience. Au point de vue subjectif, chacune peut se considérer comme équivalant à l'autre.

Qu'est-ce donc qui les différencie, qu'est-ce qui permet de les juger et de dire que l'une vaut plus que l'autre ; de dire que la patrie vaut mieux et doit mériter le sacrifice de la famille ; de dire que, dans certains cas, bien que cela ait l'air contradictoire avec la première maxime, le cercle plus étendu, l'humanité, doit être sacrifié au plus petit qui est la patrie, car c'est exactement sur cette base qu'est fondée la moralité des peuples modernes, sur cette base en apparence contradictoire et qui ne s'explique que par une certaine philosophie de l'histoire; pour en arriver là, pour dire ces deux choses : il faut sacrifier la famille à la patrie, de même que l'humanité doit être sacrifiée à la patrie, bien que ce soit encore une fois deux choses contradictoires — dans le premier cas on sacrifie ce qui est moins grand à ce qui est plus grand, dans le second cas on sacrifie ce qui est plus grand à ce qui est moins étendu, — je dis que, pour légitimer ces maximes de la morale humaine et civilisée, il faut faire appel à autre chose qu'à l'intuition de la conscience individuelle; il faut en appeler à l'histoire, à un certain dessein de l'histoire qui nous dit, qui nous désigne quelles sont les portions de l'humanité qui doivent être les premières, qui doivent être considérées comme valant absolument et comme méritant tous les sacrifices.

La morale, je le répète à propos de Tolstoï comme je le disais à propos de Kant, la morale ne se rattache à l'histoire que si vous trouvez que l'histoire n'est pas quelque chose d'assez sacré. Si vous trouvez que l'histoire des différents peuples n'est pas quelque chose qui puisse être considéré comme ayant une valeur absolue ; si vous trouvez que l'idée métaphysique et philosophique de l'humanité vaut mieux que l'idée historique que nous en avons, je vous dirai qu'il n'y a qu'un moyen de vous retrouver d'accord avec le sens commun, c'est d'admettre que les nations, dont les unes sont plus fortes, les autres moins fortes, les unes plus civilisées, les autres moins civilisées, ont une vocation religieuse ; et alors, si vous l'admettez, vous admettrez qu'il y a un progrès dans l'humanité ; vous vous placerez au point de vue qui a été celui de Comte tout aussi bien que celui du catholicisme ; vous vous placerez à un point de vue absolument nouveau ; et alors vous vous rendrez compte que notre civilisation française ne s'attribue certains droits, ne s'attribue une valeur telle, qu'elle la considère comme égale pratiquement à la notion humanitaire ; vous trouverez que notre nation française ne s'attribue cette valeur-là que parce que, dans l'histoire du monde, c'est elle qui a le plus contribué à rapprocher l'humanité de son type parfait. Vous trouverez que le nationalisme des autres pays peut être expliqué par leur plus ou moins grand rapprochement du point de civilisation que nous appelons moderne et catholique ;

vous trouverez qu'en définitive c'est par rapport à l'Europe que la France se considère comme ayant une valeur plus grande ou du moins assez grande pour rejeter l'égalitarisme humanitaire et pour ne pas vouloir que ses citoyens deviennent de simples citoyens du monde. Nous ne voulons pas être citoyens du monde, nous voulons être citoyens français ; cela ne peut pas se justifier du point de vue métaphysique absolu ; cela ne peut se justifier que d'un point de vue relatif et historique. Nous avons le droit de vouloir être citoyens français avant d'être citoyens du monde, s'il est vrai que l'histoire du monde reçoit de l'existence même de la France un accroissement moral ; cela n'est vrai qu'à ce point de vue-là.

Voilà pourquoi je refuse absolument d'admettre la position uniquement morale, uniquement métaphysique du problème moral. Je prétends qu'il est insoluble ; je prétends que, du point de vue métaphysique et philosophique kantien, la solution du problème de l'éducation actuelle est impossible et je prétends qu'il n'est soluble que du point de vue français et catholique. Il n'y a pas de morale métaphysique ; il y a une morale religieuse. Mais la morale religieuse, la seule qui s'inscrive dans l'histoire de l'humanité par un progrès, c'est la morale qui a été jetée sur le monde par l'Église. Il y a une morale religieuse civilisatrice : c'est la morale romaine ; il n'y en a pas d'autre. Toute autre morale, qui livrera à l'absolu la notion d'humanité, la ramènera à la barbarie par un détour. Toute morale qui met Dieu dans la conscience, en laissant la conscience se soustraire aux directions de Rome, fera que ce dieu de la conscience la corrompra et la ramènera au-dessous du niveau humain des morales religieuses. Toute morale qui n'est pas religieuse n'est qu'historique. Si vous ne voulez pas qu'elle ne soit qu'historique, faites-là catholique.

Voilà quel est, je crois, le point de vue auquel on peut se placer ; et auquel on doit se placer, si l'on veut comprendre quelque chose au nationalisme français, à la morale française et à l'éducation française. Voilà le point de vue auquel, qu'il le veuille ou non, l'État pédagogue se placera et s'est placé malgré lui, toutes les fois qu'il a maintenu les notions de patrie, les notions de patriotisme, les notions de civisme comme les notions de famille qu'il a conservées en fait dans ses petits manuels et dans ses écoles. Les manuels scolaires, par les devoirs qu'ils édictent, sont catholiques. Ils ne le savent pas, voilà tout. Ce que je prétends, ce que nous voulons, c'est qu'on apprenne à ceux qui les ont rédigés le nom de la doctrine au nom de laquelle, malgré eux, ils les ont écrits.

SEPTIÈME LEÇON

COMMENT SE RÉTABLIT LA NOTION DES DEVOIRS CONCRETS ET DE LEURS RELATIONS : LEUR HIÉRARCHIE DANS LES SOCIÉTÉS CATHOLIQUES

SEPTIÈME LEÇON

COMMENT SE RÉTABLIT LA NOTION DES DEVOIRS CONCRETS ET DE LEURS RELATIONS : LEUR HIÉRARCHIE DANS LES SOCIÉTÉS CATHOLIQUES

Les questions que nous avons examinées, dans les précédentes leçons, se ramènent toutes, je vous le disais, à celle-ci : il faut savoir comment la morale de Kant, laquelle consiste tout entière dans le culte de la conscience, trouve moyen de rejoindre les définitions ordinaires, traditionnelles, classiques de la morale, c'est-à-dire comment elle trouve le moyen de tirer de la conscience, considérée comme une sorte de royaume absolu et intime, de presque divin, la justification des différents devoirs qui résultent, dans les diverses sociétés, des relations des individus entre eux et de tous ensemble avec l'État.

Le problème, que la morale de Kant aurait le devoir de résoudre, serait celui de la morale pratique. Au point de vue purement théorique, nous avons déjà vu que, si on la serre d'un peu près, on y trouve quelques difficultés, en ce sens que le sentiment du devoir, lorsqu'il n'est pas guidé et dirigé, peut être appliqué aveuglément, passionnément et mystiquement à tout, même à l'absurde, même à la folie ; mais enfin, quelles que soient les difficultés théoriques que rencontre la morale de Kant, il me semble que c'est surtout lorsqu'on la met en face de la vie pratique, de la réalisation des devoirs, qu'elle marque son insuffisance, ou tout au moins qu'elle marque l'insuffisance du point de vue auquel elle prétend se maintenir. Car il est bien vrai que, dans la morale de Kant, nous l'avons vu, on essaie de restituer l'idée des devoirs particuliers, on essaie de « déduire » ces devoirs ; mais je crois vous avoir indiqué que cette déduction était assez artificielle, et qu'en réalité, lorsque Kant veut déduire les devoirs particuliers, concrets, il fait appel, malgré lui, à un sentiment de l'intérêt, du bonheur, à une considération des résultats de nos actions, considération qu'il s'était interdit d'admettre lorsqu'il avait dit qu'on doit agir par devoir pur, sans se préoccuper des conséquences. Nous avons pu dire que les devoirs, dans la morale de Kant, peuvent être juxtaposés à l'idée du devoir abstrait. Mais le lien entre ce devoir abstrait, que l'on trouve dans la conscience, et les devoirs de la morale commune ne résulte pas d'une déduction. Il résulte de l'expérience, c'est-à-dire que des hommes qui disent : je n'écouterai que ma conscience, je ne suivrai que ma conscience et son intuition, je la suivrai jusqu'à la mort, là où elle me mènera, ces hommes peuvent se trouver placés dans une société très civilisée et de telle façon que ce qu'ils entendront par leur devoir absolu, ce seront bien les devoirs que leurs concitoyens considèrent également comme importants et graves; et alors ils feront avec enthousiasme les sacrifices, les actes de dévouement que feront tous les autres citoyens ; mais il les feront à une idée plutôt qu'à la réalité ; ils les feront au rêve intérieur de leur conscience plutôt qu'à l'ordre extérieur et réel du monde. Ils seront peut-être des héros et des martyrs, mais il ne sera pas possible de les discerner d'autres héros et d'autres martyrs d'une idée opposée, d'une idée différente, attendu que si c'est l'intensité de l'amour que nous apportons à l'idée, au bien absolu, ou plutôt que nous apportons à notre développement vers l'absolu; si c'est l'intensité de la vie consciente qui qualifie nos actes, je vous ai dit que l'anarchiste peut vivre un sentiment aussi intense, aussi élevé, et il pourrait dire aussi divin, qu'un chrétien, qu'un catholique, qu'un Français, qu'un homme élevé dans la morale commune. Ce n'est donc pas l'intention qui juge les actes entièrement. La considération de l'intention peut tempérer, dans les jugements que nous portons sur autrui, ce qu'il pourrait y avoir de trop rigoureux, si nous ne considérions que les conséquences des actes que nous jugeons. Nous pourrons dire : un tel a perdu son pays, en voulant le sauver. S'il a voulu le sauver, et qu'il l'ait perdu en fait, le juge peut tenir compte de son intention et lui épargner le châtiment suprême. Il peut dire : il s'est trompé, il n'a pas été un traître volontaire. Mais la table hiérarchique et harmonieuse des devoirs humains, la science morale d'une société donnée ne peut être établie d'après la considération unique des intentions. Avec l'idée de l'intention pure, l'idée de : j'obéis à ma conscience, on peut excuser, mais on ne peut pas justifier tous les actes. Telle est la grande infirmité de la morale de Kant.

S'il en est ainsi, si un anarchiste ou un bon patriote, un bon chrétien, un bon soldat, un bon citoyen, peuvent, au regard de la morale de Kant, être mis sur le même plan; et si, par conséquent, la morale de Kant n'est pas d'accord avec le bon sens et avec le sens moral de l'humanité civilisée, il faut voir pourquoi et comment les morales opposées à celle de Kant rendent compte de ces nécessités de la vie, dont la morale de Kant ne peut pas tenir compte ; et pour ne pas rester dans la généralité, puisque nous parlons toujours de la France, de la morale en France, il faut surtout nous attacher à voir ce qui, dans la France telle qu'elle a été constituée historiquement, mérite d'être maintenu et défendu contre les excès de ce mysticisme kantien, qui met sur le même plan toutes les façons d'agir, pourvu qu'elles soient faites d'accord avec la conscience, avec le sentiment de l'absolu.

Alors, comment la hiérarchie des devoirs se rétablit-elle, dans la société française, et dans les esprits par conséquent des jeunes Français, lorsqu'ils ont subi l'intoxication mystique de la morale kantienne ? Comment se fait la guérison de ce qu'on pourrait appeler le tolstoïsme, qui est devenu en France la seule forme véritablement vivante du kantisme (car le kantisme n'a pas vécu dans les consciences françaises ; ce qui a vécu, c'est une espèce d'anarchisme qui trouvait beaucoup mieux son expression dans les apologues moraux, dans le théâtre et les romans de Tolstoï et des écrivains de cette école) ?... Comment la crise mystique, qui a atteint son point culminant au moment de l'affaire Dreyfus ; la crise de mysticisme que nous ne pouvons pas appeler strictement kantienne, mais qui se réfère au kantisme par l'exaltation de l'idée de la conscience individuelle ; comment cette crise s'est-elle résorbée ? Comment s'est reconstruite, dans les consciences françaises, dans la société française, laquelle est une société catholique, la morale traditionnelle, la morale des devoirs, relatifs à la vie de la société, des devoirs qui, par conséquent, ne sont pas tous placés sur le même plan, des devoirs, dont les uns doivent être subordonnés et les autres placés au-dessus ; comment s'est reconstituée cette morale ? C'est ce que je voudrais vous expliquer aujourd'hui ; ou plutôt, je voudrais appeler votre attention sur les mouvements, à la fois spontanés et en même temps sollicités par les événements du dehors, par lesquels l'équilibre de la morale française s'est rétabli.

Je vous disais, l'autre jour, qu'à ce point de vue il fallait, pour se rendre compte de la guérison, se rendre compte de la manière dont le mal s'est fait. Qu'est-ce qui faisait le venin du tolstoïsme, du kantisme ou de l'individualisme moral en France ? Ce qui faisait le venin de cette doctrine, c'était qu'elle avait certaines affinités avec ce qui est le plus vivant, le plus indestructible dans l'âme française, à savoir une certaine générosité idéaliste, une certaine tendance à dépasser l'expérience et le réel, pour construire toujours dans le domaine de ce qui doit être. La France est un pays qui subit les suggestions de l'idée du droit et de l'idée du devoir. La France est un pays qui, plus qu'un autre, est sensible à l'écart qu'il y a entre la vie sociale et les hautes conceptions de la conscience humaine ; et c'est là ce qui la rend vulnérable. Mais, si nous y prenons garde, cette disposition française à l'idéalisme, à dépasser le fait pour immédiatement poser le droit et même pour aller quelquefois jusqu'à dire que le droit suffit, même s'il ne s'impose pas, même s'il ne prend pas vigueur et s'il ne devient pas victorieux, pour aller jusqu'au « gloria victis », dont je vous ai dénoncé le danger ; cette disposition française, je dis qu'elle porte en elle-même une partie de son remède, en ce sens qu'elle n'est point obscure, comme le serait l'idée du droit ou du devoir chez un philosophe allemand. Elle n'est point tant la disposition à s'enivrer d'une confuse passion ; elle n'est point tant une protestation aveugle, une aspiration confuse à un avenir meilleur, ce qui est le propre de l'humanitarisme et du socialisme et du pacifisme, par exemple, et de toutes ces erreurs telles que nous les trouvons en Russie dans l'âme russe ; elle est moins cela que le souvenir d'un certain état parfaitement concret et positif de la vie humaine et sociale, que la France a vécu, et dans lequel, en effet, l'individu humain prenait une valeur supérieure à celle que lui donnent les sociétés brutales fondées sur la force et sur l'argent que nous avons vu se développer au XIXe siècle, comme les sociétés américaines, et, à l'autre extrémité, la société de l'empire allemand prussianisé. L'idéalisme français est moins la rêverie d'une société impossible, où tous les hommes seraient pareils, que l'idée ou le souvenir d'une société organisée, où il y aurait eu, dans les relations de la société avec l'individu, une certaine douceur, et, pour prendre le mot qui s'applique à la morale sociale, une certaine sociabilité, une certaine humanité ; et, comment dirai-je ?.... si nous partons de haut en bas, dans les rapports de l'État, du pouvoir central représentant la nation, avec les nationaux, avec les citoyens, une certaine paternité. Au fond, l'idée française révolutionnaire de fraternité n'est pas identique, dans la conscience des Français, avec la brutalité égalitaire, avec l'idée aveugle que tout le monde doit être pareil. L'idée, que vous trouverez chez un Karl Marx, chez un moniste allemand, ou chez un rêveur russe à la Tolstoï, de réduire les hommes à être tous des numéros pareils, des unités semblables, pour les rendre plus heureux dans une société rigoureusement collectiviste, c'est-à-dire bâtie sur le plan mathémathique, cette idée n'est pas strictement l'idée de la Révolution française. Elle est l'idée des théoriciens de la Révolution. Mais ce n'est pas elle qui a soulevé les pavés en 1790 ; ce n'est pas elle qui a mu les faubourgs de Paris pendant la Révolution. Cette idée géométrique, il faut bien le dire, n'est pas le fond de la Révolution française, dans l'esprit des Français. Elle était le fond des théories à l'aide desquelles des étrangers ont essayé d'utiliser un soulèvement idéaliste des Français, vers la fin du xviii° siècle, contre l'institution traditionnelle, contre la monarchie, vis-à-vis de laquelle ce soulèvement ne se trouvait pas en antagonisme irréductible. L'idée de fraternité, comme l'entendaient les patriotes à cocarde révolutionnaire, dans les rues de Paris, pendant la Révolution, et surtout au début de la Révolution, n'était pas en opposition avec l'idée du roi, car elle était tout au fond dominée par l'idée de la paternité du souverain vis-à-vis de son pays ; et quand on allait chercher « le boulanger, la boulangère et le petit mitron », on obéissait encore à une conception inégalitaire de la société, à une conception très populaire, mais très peu démocratique, à une conception hiérarchique et monarchique. On allait dire : vous qui êtes chargés de nourrir la famille, vous le boulanger, la boulangère et le petit mitron, vous n'avez pas fait votre devoir ; nous nous adressons à vous. On ne croyait pas que cette nation était capable de pourvoir à elle-même. C'est par la très haute idée qu'on se faisait du roi que la nation était amenée à se révolter contre le roi. C'est parce que, à tort ou à raison, on lui présentait la monarchie comme ayant cessé d'être la providence, que la nation se dressait contre la monarchie. Et l'espèce d'idée, toute froide et toute géométrique, qui consistait à vouloir que la nation fût gouvernée par elle-même, cette idée pouvait être dans la tête de Robespierre, et surtout des théoriciens qui ont présidé à la Révolution; elle n'était pas dans la tête du peuple, pas plus qu'elle n'était dans la tête du petit clergé qui prenait part au mouvement révolutionnaire contre le grand clergé, pas plus qu'elle n'était dans la tête de la noblesse. Clergé, noblesse, peuple, Tiers-État pour employer le mot exact, avaient tous les trois la même ardeur idéaliste, la même capacité d'oublier le fait, pour se jeter vers ce qu'ils croyaient être le droit et le devoir. Mais ils ne définissaient pas le droit et le devoir par une conception de l'État égalitaire et collectiviste, comme celle que nous avons vu ensuite appliquer par les théoriciens allemands, à la Karl Marx, sur notre soulèvement, sur notre mouvement français.

On voyait encore, il y a quarante-cinq ans, au moment de la Commune, la différence entre la Révolution française, avec sa fibre vraiment nationale et l'idée que se faisait l'étranger de cette Révolution, l'idée allemande. On la voyait encore, au moment de la Commune, et pendant quinze ou vingt ans après la Commune, dans l'incapacité où étaient des gens, qui se disaient socialistes patriotes, à la façon de Rochefort ou de Ernest Roche, de s'entendre avec les théoriciens du collectivisme germanique ou germanisant, qui commençaient de prendre la direction de la Révolution, laquelle s'était appelée française, mais cessait d'être française à partir de ce moment-là.

Qu'est-ce qu'il y avait, au fond, dans ce différend avec ceux que nous pouvons appeler les socialistes patriotes à la Rochefort, les gens pour lesquels la Révolution était liée à l'idée de patrie, les gens qui s'étaient battus contre les Prussiens, avant de fusiller les généraux Lecomte et Clément Thomas à Montmartre ? Quelle était, au fond, la différence entre ces deux sortes de révolutions, entre celle que l'on voudrait faire en ce moment, et qui est payée par l'Allemagne, et celle qui s'est faite dans les rues de Paris, et qui a été réprimée si durement par le bourgeois, M. Thiers ? La différence, elle est, je crois, dans une certaine idée de l'homme et de ses rapports avec la société, que je n'hésite pas à qualifier de catholique. L'idée française de l'homme est une idée catholique, parce que c'est l'idée d'un être sociable. Ce n'est pas du tout l'idée de cette espèce de sauvage ou d'ascète, que l'on conçoit lorsqu'on s'appelle Tolstoï, et que nous voyons en scène, par exemple, dans des drames qui ont fait la curiosité, et, à un moment donné, l'admiration de notre jeunesse, comme la *Puissance des Ténèbres* de Tolstoï. Cette idée de l'homme, être sociable, de l'homme ne demandant pas qu'il n'y ait pas autour de lui de hiérarchie, mais demandant que ces hiérarchies, que ces organismes sociaux lui permettent une vie humaine, de l'homme ne demandant pas qu'on ne le prenne pas comme un moyen, mais qu'on le prenne comme moyen de quelque chose qui soit humain, voilà quelle est exactement la nuance de ce qu'on pourrait appeler l'individualisme révolutionnaire français. Elle reste dominée par une idée très vieille, tout à fait étrangère aux brutales civilisations, fondées sur la force et sur l'argent dont nous avons le spectacle autour de nous.

Mais il ne suffit pas que l'idée de l'homme soit, dans l'intention et dans la conscience, — nous deviendrions des kantiens si nous l'y introduisions ; — il ne suffit pas que, dans l'intention ou dans la conscience des révolutionnaires français, l'idée de l'homme soit restée civilisée, conciliable avec l'idée de la société, pour que la société ne souffre pas de ce soulèvement mystique que l'on a appelé la Révolution. Parce que certains communards ont été réellement des Français, il ne s'ensuit pas qu'une révolution comme la Commune n'ait pas compromis, et gravement, la guérison de la France après 1870. De ce que l'individualisme français est moins brutal, est moins aveugle que ne le serait l'individualisme allemand, il ne s'ensuit pas qu'il ne présente pas de dangers. Il est donc utile, il est donc nécessaire de prévoir les fièvres, comme dit quelquefois Barrès, les fièvres malsaines que peut lui donner une culture philosophique, qui n'est pas née chez lui, et qui n'est pas faite pour lui, une culture que j'appellerai moniste et panthéiste.

Je prononce les mots de panthéisme et de monisme, parce que le panthéisme, le monisme allemand sont des états d'esprits qui se présentent immédiatement aux Français décatholicisés, comme une sorte de substitut, qui leur devient excessivement accessible, qui leur devient séduisant, des sentiments religieux dans lesquels ils avaient été élevés et que satisfaisait la haute mystique catholique. Un catholique, qui perd la notion de la théologie, de la philosophie catholique et le contact de la hiérarchie de la société catholique ; un Français qui, intellectuellement élevé dans le catholicisme, abandonne la croyance aux dogmes essentiels du catholicisme et qui, moralement élevé dans le catholicisme, essaie de vivre en dehors des institutions et des directions créées par l'Église pour l'éducation, ce Français-là est plus prêt qu'aucun homme au monde à arriver à un état d'esprit moniste et panthéiste, c'est-à-dire à sauter, du premier coup, de Kant dans Fitche, dans Schelling et dans Hegel, c'est-à-dire dans ce qu'il y a de moins critique au monde, de moins prudent, de moins intellectuel et dans ce qui devient purement sentimental. Car tout au fond, le danger, en morale, c'est ce panthéisme ; c'est, si vous voulez, ce romantisme, en pensant à ce que cela a été pour des hommes comme Lamartine ! En politique, comme en morale, en sociologie, qu'est-ce que le romantisme, cette disposition si illimitée, si impossible à gouverner, qui arrive aux pires folies, qu'est-ce, sinon le panthéisme, conçu d'une manière sentimentale ? Les Français n'ont pas étudié Schelling, Hegel, les panthéistes allemands métaphysiciens, mais ils sont tous, de plain-pied, avec le sentiment dont ces métaphysiques ne sont qu'une espèce d'essai de traduction. Vous savez très bien que, dans la métaphysique allemande, il n'y a pas autre chose qu'un essai de traduction intellectuelle des mouvements de la sensibilité, de la rêverie qui fait que nous nous perdons dans la nature, mouvements qui sont la poésie des œuvres de Rousseau. Cette métaphysique est tout ce qu'il y a de moins intellectuel, en demeurant ce qu'il y a de plus affectif. Des panthéistes sont des gens qui essaient de faire croire qu'ils pensent avec leur cerveau, et qui, en réalité, ne pensent qu'avec le cœur et l'imagination. Les Français sont tous très près de devenir des espèces de panthéistes, dès qu'ils cessent d'être des catholiques, parce qu'ils ne sont que très difficilement et très rarement des esprits secs à la Voltaire. Les Français, de moyenne culture, sont beaucoup plus près de

Rousseau que de Voltaire. Voltaire est un esprit extrêmement clair, extrêmement froid, extrêmement compréhensif, qui a tout vu et qui ne s'attache à rien. Il a eu un très grand succès dans une société très cultivée, comme l'était la Cour du xviii° siècle. Il a fait l'éducation de la Cour, de l'aristocratie à la fin du xviii° siècle ; il n'a pas fait l'éducation du xix° siècle.

Je vous rappellerai que l'une des idées à succès de l'Université, il y a vingt-cinq à trente ans, ce fut celle de Faguet, qui consista à appeler Voltaire un chaos d'idées claires et à détacher les jeunes gens de la littérature de Voltaire, en leur disant que le vrai courant français du xix° siècle était du côté de Rousseau et non pas de ce côté-là. Pourquoi ce point de vue a-t-il eu un tel succès dans cette jeunesse française qui, entre les deux guerres, cherchait une direction littéraire, en même temps qu'une direction philosophique, dans les établissements d'enseignement supérieur, sinon parce que le rousseauisme, le jean-jacquisme, qui n'est pas du tout l'individualisme métaphysique, qui essaie d'être une métaphysique et qui n'en est pas une, l'individualisme sentimental à la Rousseau, l'attendrissement devant la bonté humaine était quelque chose de plus français que le mépris sec de l'homme, que le détachement et le scepticisme voltairiens? Pourquoi était-ce plus français? Parce qu'au fond, la race française, le peuple français — il y a en lui plusieurs races — dans l'état où nous le connaissons après un mélange de dix siècles, le peuple français au total est un peuple religieux; et lorsqu'on le détache de la religion traditionnelle, il cherche immédiatement à se faire des religions à côté. Cela a été l'histoire du saint-simonisme vers 1840, l'histoire du tolstoïsme vers 1880; mais ces crises de religions à côté sont toujours la conclusion de l'individualisme français. L'individualisme français n'est, en aucune manière, orienté vers l'égoïsme. Ce culte de l'individu en France cependant, quelque paradoxal que cela puisse paraître, n'aboutit pas à l'égoïsme. Et remarquez que les hommes et les écrivains qui, au xix° siècle, dans ce siècle de révolutions morales, ont gardé le plus vivement le sens de la société au point de vue traditionnel, le sens de la hiérarchie, de l'ordre, des convenances et des nécessités de la vie sociale et civilisée, des esprits de cette nature-là ont été, comme Stendhal, des gens, dont la philosophie était qualifiée légèrement au dehors comme un égoïsme, un égotisme, disait-on. Et qu'est-ce qu'il y a de plus social, de plus respectueux avec un sourire, mais de plus disposé à admirer la vie sociale dans toutes ses nuances, qu'un Stendhal, c'est-à-dire tout le contraire d'un individualiste? Cet égoïste, donc, n'est pas du tout un individualiste. A confondre ces deux notions d'individualisme et d'égoïsme, on risque de faire porter à faux toutes les discussions et toutes les polémiques. Il faut voir que l'individualiste français est, par essence, tout prêt à se rattacher à la société, à l'amour de la société, au sens social ou sociable et qu'il ne s'en détache que par un accident que j'appelle historique. C'est parce que la société, en fait la société française, dans laquelle l'homme est mieux traité, est placé plus haut qu'il n'est dans aucun autre peuple; c'est parce que la société française où la valeur humaine était prise en considération est en partie détruite et désorganisée sous ses yeux; c'est parce qu'il n'a pas des exemplaires vivants de cet ordre social cherché par lui que le Français devient anarchiste.

En d'autres termes, je crois qu'au xix° siècle, ce que nous avons appelé des anarchistes français c'étaient des esprits qui, sous la monarchie, dans l'ordre social français construit et qui est actuellement à moitié ruiné, auraient été les meilleurs des soutiens de l'ordre social. Ç'auraient été, je ne dis pas des monarchistes — il n'y en avait pas sous la monarchie — ç'auraient été des sujets et des sujets parfaits, c'est-à-dire des hommes ne demandant pas du tout qu'on ne les prenne pas pour moyen, suivant la formule de Kant, mais des hommes heureux de servir un ensemble social, une patrie et, singulièrement, un roi, incarnation visible de cette patrie, qui leur semblait valoir la peine que l'on se subordonnât et que l'on se sacrifiât pour son dessein et pour ce qu'il représentait.

Les Français ne sont des idéalistes que par une incapacité de reconstituer mentalement la société qui, sous leurs yeux, est détruite. C'est, je crois, le fait de l'absence, pendant presque un siècle et demi, de la monarchie, du roi, c'est-à-dire l'absence du fait français, qui a rendu les idées françaises si vagues, si outrées et si dangereuses. C'est ce que j'appelle l'*interrègne* des rois qui a suscité les tentatives d'organisation des divers royaumes des idées, des divers royaumes des nuées, comme disait Aristophane, et comme le disait Maurras lorsqu'au début de son enseignement, il a eu l'idée, véritablement géniale, de nous faire songer à ce qui s'était passé à Athènes. Les constructions de palais dans les nuées sont nées, dans des cervelles françaises, de l'oubli et de l'absence des images du palais de Versailles. Les Français ne sont pas par goût des idéologues ; ils sont par goût des hommes dévoués, capables de se sacrifier à une idée. Mais ils se sacrifient beaucoup plus volontiers à une idée concrète, réalisée, à une institution, à un objet vivant, qu'à la géométrie à l'aide de laquelle on essaie de reconstituer cet objet. Beaucoup de Français, qui ne se sacrifieraient pas à l'idée de la monarchie, telle que nous la développons à « l'Action Française », parce que ce serait trop abstrait, se sacrifieraient au roi. Et alors ceux des Français, auxquels nous nous adressons pour reconstruire la monarchie, — et voici surtout le fait sur lequel je veux insister dans ce coup d'œil sur la guérison de la crise dreyfusienne — il faut que ce soient ces esprits religieux, capables de se sacrifier à une idée, non encore réalisée, qui, par excellence, ont été les auteurs de la Révolution française. C'est par la même espèce d'hommes, qui ne sont pas les hommes de salons pas plus que ce n'étaient les hommes de la Cour ; c'est par des hommes de la France moyenne, lesquels ont à la fois un certain sens des idées et une certaine générosité, c'est-à-dire une intelligence généralisatrice, puis l'instinct commun à tout le peuple qui consiste dans le dévouement, dans un naturel altruisme, dans tout le contraire de l'égoïsme stendhalien ; c'est à ces Français moyens que nous sommes obligés de nous adresser, pour reconstruire la monarchie ; car, ni les hommes qui étaient autrefois les hommes de cour, ni les hommes qui sont aujourd'hui simplement des hommes de plaisir, ni d'autre part les hommes d'affaires purs, qui ne sont que des manieurs d'affaires à l'américaine, aucune de ces catégories de Français n'est désignée pour restaurer l'ordre français. Ils sont tout désignés pour le servir, une fois qu'il sera restauré. Des manieurs d'affaires à l'américaine, des réalistes purs de l'école qui n'a pas été l'école nietzschéenne, puisque Nietzsche n'a rien produit, mais qui se réclameraient des maximes de Nietzsche, ces hommes-là serviront très volontiers un ordre social puissant, dont ils seront les rouages. Mais, pour reconstituer cet ordre social, nous sommes obligés de nous adresser à des esprits de même nature que ceux qui ont fait la Révolution française, des esprits à tendances religieuses et qui, dans ce moment, ont l'air d'être et ont été traités malheureusement par les polémistes comme s'ils étaient des esprits irréligieux. Nous n'avons aucune peur de ce que l'on peut appeler l'esprit de gauche dans le peuple, puisque c'est celui-là qui a toujours été en France le moteur des changements. Nous qui sommes obligés de créer un changement, nous ne devons pas nous borner à décrire. Il faut absolument que nous suscitions des énergies, qui soient gouvernées par autre chose que par la description de ce qui est. Nous ne pouvons pas être uniquement des historiens, nous qui voulons restaurer l'ordre historique français. Nous devons agir avec une méthode philosophique et par des moyens analogues à ceux de l'Encyclopédie et de la Révolution. C'est en faisant appel aux puissances philosophiques, aux puissances, comment dirai-je ?... idéologiques, que l'on a fait la Révolution ; c'est en retrouvant le contact de ces puissances-là que nous faisons la contre-Révolution.

Je vous donnerai des exemples. La crise tolstoïenne et kantienne du dreyfusisme a fait des adeptes qui sont devenus des royalistes d'Action Française ; pourquoi ? Précisément parce qu'ils étaient des gens allant vers l'idée, mais vers une idée qui n'était pas une pure abstraction, vers une idée à laquelle on pouvait se dévouer. Je vous citerai l'exemple de Georges Valois, qui est en ce moment au front. Georges Valois est un révolutionnaire d'origine, un révolutionnaire idéologue, un révolutionnaire français qui, en 1871, aurait probablement été de la Commune, qui pendant l'affaire Dreyfus était pour Dreyfus, qui, au moment où il fallait choisir entre la conservation de l'Etat et l'idée abstraite de justice, se tournait presque nécessairement vers l'idée abstraite de justice au risque de ruiner l'État. Quelle est la psychologie de cette catégorie de Français, tellement nombreuse qu'elle est les trois quarts de la France ? Elle tient à ce que ce sont des esprits profondément religieux. La preuve, c'est que Georges Valois, qui était un révolutionnaire dreyfusien, est devenu un royaliste de l'Action Française, en même temps qu'il retrouvait le contact de la foi et de la pratique catholiques dont il se croyait détaché. En même temps qu'il devenait royaliste, il retrouvait le catholicisme.

La notion de l'ordre, dans le domaine du pur spirituel, est tellement liée dans le catholicisme à la notion de l'ordre dans le domaine temporel, le parallélisme des deux constructions, de la société française et de la cité éternelle que conçoit l'Église, le parallélisme de ces deux constructions est tel qu'il est presque immanquable qu'un esprit, qui se rapproche de l'une, se rapproche de l'autre. On peut dire que c'est par la forme catholique donnée au sentiment religieux, que les Français retrouveront l'état, à la fois d'esprit et de volonté, qui leur permettra de faire la révolution inverse de la révolution dreyfusienne. Remettre en honneur l'idée de l'État, sans détruire l'idée de justice, cela n'est possible que dans une société catholique, où ce qu'il y a d'absolu et d'inconditionnel dans la justice est, en quelque sorte, conservé par l'espoir d'une réalisation totale de cette justice dans un monde surnaturel et dans une vie après la mort. Sacrifier un individu au salut de l'État est un sentiment qui répugne aux esprits religieux, lorsqu'ils ne sont pas catholiques ; et je dis qu'à cet égard les trois quarts des Français sont ces esprits religieux-là.

Voilà pourquoi une foule de Français ont été

anarchistes. Ils l'ont été, parce que, dans leur conscience, coïncidait un reste de sentiment religieux très intense avec une apparente impossibilité de satisfaire à ce sentiment religieux dans les cadres de la société visible dans laquelle ils vivaient. Ils se disaient : périsse cette société notre mère, périsse la France, plutôt que de risquer de faire une injustice, car l'homme et les droits de l'homme sont quelque chose d'absolu ! Mais seul le catholicisme — seul, mais très complètement — satisfait à ce sentiment religieux. Il vous dit que la justice n'est jamais vaincue, alors même qu'elle semble l'être, car nous ne voyons pas toute l'histoire. Il y a un épilogue, il y a une continuation. La religion catholique projette dans la vie future ce sentiment de l'absolu, qui est à la racine du sentiment religieux, et qu'il ne faut pas tuer dans les âmes. Il ne faut pas le tuer, parce que, en France, lorsque vous tuez le sentiment religieux, vous tuez le ressort de l'action, la charité, le dévouement. Et, d'autre part, il ne faut pas le laisser seul, parce que, livré aux seules directions de la conscience individuelle, il amène aux folies anarchiques dont nous avons parlé.

Il y a donc un équilibre à garder en France.

La société et l'individu ne sont réconciliés, la conscience de l'individu avec ce qu'elle comporte d'absolu et d'infini, n'est réconciliée avec la société, avec ce que la société comporte d'imparfait et de quelquefois blessant pour lui, que dans l'idée de Providence, de gouvernement supérieur des choses humaines, d'une justice dont les sanctions peuvent se faire attendre, dont les récompenses également se font attendre. Voilà pourquoi je dis que c'est uniquement dans une société catholique, que la morale commune française, laquelle est souvent en opposition avec la morale kantienne, peut être relevée naturellement et facilement.

J'ajoute que rien n'est plus facile, puisque ces réalisations de la justice, que l'Église annonce pour une vie future, la France est la seule nation qui, en ce monde, les fasse pressentir et les commence. Il est plus facile que nulle part ailleurs de reconstituer en France la morale sociale, parce que la morale sociale française est plus humaine, plus humanitaire qu'aucune autre. Et alors, nous reprenons la contradiction, l'espèce d'antinomie par laquelle je terminais ma dernière leçon. Je vous disais qu'il y avait une certaine contradiction qui n'était soluble qu'en France, c'était celle-ci : un certain cercle social subordonné, qui s'appelle la famille, doit être sacrifié à un certain cercle social qui lui est supérieur et qui s'appelle la patrie, voilà un premier axiome : la morale commune veut que l'on sacrifie la famille à la patrie ; la morale commune veut que le régiment l'emporte sur le foyer. Et, d'autre part, bien que l'ordre humain, la civilisation humaine soit plus large que la civilisation nationale, on nous demande également, dans la morale commune des Français, de subordonner cette fois l'humain au national, c'est-à-dire le plus large à ce qui semble être le moins large. Tel est, je dirai, le scandale, telle est la contradiction apparente, qu'il faut résoudre dans la morale française contemporaine, si l'on veut rétablir, en même temps que l'ordre politique, la paix dans les esprits et l'ordre dans les consciences.

Comment se résout cette espèce d'antinomie, que Kant n'avait pas prévue ? Je vous ai dit qu'elle ne se résolvait que d'une façon : en admettant que dans la société française, l'ordre national est quelque chose qui collabore, d'une façon indispensable et première même, à l'ordre humain, mais d'une façon si indispensable et si première que l'on puisse démontrer que l'ordre humain reculera, si la civilisation française, si la France recule et devient subordonnée à l'une ou l'autre des nations étrangères. C'est-à-dire qu'il faut démontrer, pour résoudre la contradiction présente, que la France a un rôle directeur, premier, dans le progrès de l'humanité vers son plus haut idéal. Que la France ait ce rôle à jouer, cela n'est admissible que, si ce qui en France est le plus rapproché des conceptions humaines, humanitaires, à savoir la religion, représente ces mêmes conceptions humanitaires. La France n'est la première des nations, celle qui doit subordonner les autres, que si elle est catholique, parce que seule la conception catholique lui permet de synthétiser ces deux notions d'ordre extérieur et d'ordre intérieur, qui sont partout ailleurs en opposition. Pourquoi ? Parce que, dans le catholicisme, la personne humaine a en effet une valeur absolue. Mais cette valeur absolue se développe dans le temps. Ces êtres, qui portent en eux-mêmes quelque chose de divin, ont, dans le temps, dans l'histoire, une certaine destinée à accomplir, laquelle est d'apporter leur pierre à la catholicisation, donc à la christianisation, donc à l'humanisation complète de l'humanité.

Au fond, je crois que c'est exactement dans la mesure où la France est l'éternel Croisé, dans la mesure où la France est considérée comme pouvant continuer dans l'histoire de l'Europe le rôle qu'elle avait pris, rôle qu'elle a gardé jusqu'à il y a cent-vingt ans ; c'est dans la mesure où la France est considérée comme pouvant reprendre et devant reprendre ce rôle historique, comme capable en fait de le reprendre ; c'est dans la mesure où se conçoit ainsi la philosophie de l'histoire universelle, que l'on peut concilier ces antinomies de la morale française que je vous signalais. Le patriotisme français a le droit de vaincre l'humanitarisme, de se le subordonner, si le patriotisme français est capable de dire : la France, que je représente et que je défends, a plus fait pour l'humanité que l'humanitarisme, par lequel vous croyez défendre cette humanité. Si un tribunal humain, avant celui du ciel, peut se dresser sur la terre, devant lequel les conflits des sociétés seront jugés, non pas d'après la force de ces sociétés, mais d'après la valeur des personnes humaines qu'elles enveloppent et qu'elles nourrissent ; si un tribunal pacifiste, si un organe du droit, mais du droit armé, du droit victorieux, peut être établi sur la terre, nous professons qu'il sera en France, parce qu'il faut qu'il soit catholique ; et, d'autre part, nous professons que ce tribunal ne sera pas en Allemagne, parce que là il pourrait être religieux, il pourrait être idéaliste, il pourrait être luthérien, il pourrait être tout ce qu'on voudra, mais il ne serait pas catholique, parce qu'il serait séparé d'avec Rome.

L'avenir de l'histoire humaine, c'est là ce qui donnera raison à ceux d'entre les hommes qui considèrent que la France vaut mieux que l'humanité, ou plutôt que la France est l'éducatrice nécessaire de l'humanité. Je dis que la morale française ne résoudra ces antinomies entre socialistes et catholiques, entre socialistes et capitalistes, entre les différents groupes de forces et d'idées qui se combattent, et ne retrouvera son équilibre que dans la mesure où la France continuera de marcher et de se développer, et de développer son secret, lequel n'est pas traductible dans une autre langue que la sienne et que celle de ses monuments et de ses actions. Je prétends que l'antinomie de la morale, la conciliation de l'individu et de la société, n'a jamais été résolue qu'en France, et par la fraternité, sous la paternité des rois. Voilà ce qui concilie l'antinomie de l'individu et de l'État.

— Cette formule de paix, qui est la paix dans la hiérarchie, dans l'ordre et dans la monarchie, cette formule-là, c'est une formule française. Il y a des monarchies en Europe. Ces monarchies ne sont que des esquisses ou des caricatures, selon qu'elles sont venues avant ou après, de la monarchie française. La manière dont elles résolvent les questions sociales n'est qu'une esquisse ou qu'une caricature de la manière dont ont été résolues en France, par les rois, et dont seront résolues plus tard, et bientôt peut-être, encore par les rois, ces mêmes questions économiques et sociales auxquelles donnent lieu les conflits de force sur la planète. La clé de la civilisation humaine est à Paris. Voilà ce qu'il faut nous dire ; et si nous nous plaignons que nous avons du mal à concilier la contradiction apparente entre l'histoire et la morale, c'est qu'un divorce de la morale et de l'histoire a été consommé le jour où la France a cessé d'exercer son empire. La France avait concilié la morale et l'histoire. Elle avait concilié cette philosophie de l'acquisition et de la victoire, qui était celle de Louis XI et de Louis XIV, avec le respect, le culte, et on peut dire la tendresse, la charité, la bonté pour les personnes humaines. C'est en somme, sous l'égide des rois de France, que les missionnaires catholiques, dans beaucoup de contrées, ont pu agir pour détruire l'esclavage. C'est au fond, au nom d'une France qui était encore royale, qu'un Lavigerie a pu travailler en Afrique, dans le sens chrétien et catholique, à l'abolition de l'esclavage, à la libération des esclaves. C'est dans ce sens de l'histoire, et au nom d'une France royale, qu'on agit toutes les fois que l'on agit religieusement et moralement, pour autre chose que la force brutale, mais avec la volonté d'aboutir, de réussir et de vaincre dans le monde.

Voilà ce qu'il faut nous dire. Il n'y a pas d'autre remède au dreyfusisme, c'est-à-dire au conflit des idées de droit et de force, d'ordre social et d'aspiration individuelle et de conscience individuelle ; il n'y en a pas d'autre que celui-là ! Les consciences seront respectées dans le royaume de France, parce que le royaume de France est celui pour lequel l'homme vaut le plus. La liberté des consciences était plus grande, sous le règne des rois très chrétiens, qu'elle ne l'est sous le règne d'une oligarchie irresponsable.

Donc, croyons que ce n'est pas par la philosophie purement théorique ; croyons que c'est par l'histoire que se résoudront les antinomies de la morale française ; croyons, par conséquent, que ceux qui les résolvent, et qui en inscrivent en quelque sorte les solutions dans la conscience de l'humanité actuelle, ce ne sont pas nos écrivains, ce ne sont pas nos théoriciens, ce sont très certainement les jeunes gens qui se battent pour la France, qu'ils aient conçu ou non que cette France, c'est le Roi !

HUITIÈME LEÇON

LA MÉTAPHYSIQUE ET L'HISTOIRE. LEURS RELATIONS AVEC LA MORALE. L'ÉDUCATION FRANÇAISE A RESTAURER

HUITIÈME LEÇON

LA METAPHYSIQUE ET L'HISTOIRE. LEURS RELATIONS AVEC LA MORALE. L'ÉDUCATION FRANÇAISE A RESTAURER

La conclusion à laquelle je voudrais vous amener, par ces études sur la morale de Kant dans ses rapports avec l'enseignement officiel de l'Etat français, avec la pédagogie officielle, je l'ai indiquée en quelques mots dans les premières leçons de ce cours, et je vous demande la permission de vous rappeler un passage de la quatrième leçon sur lequel j'appellerai votre attention, parce que j'y exprimais, d'une façon abrégée, presque par une simple allusion, la difficulté que nous avons à résoudre. La voici. Je vous ai dit, à ce moment-là, que le tort essentiel de la morale de Kant était d'avoir prétendu ramener tous les devoirs à une sorte d'intuition intime de la conscience, qui nous révélait le devoir en soi, et j'ajoutai que ce devoir ne pouvait être véritablement conçu par Kant comme contraignant, ne pouvait être réellement une nécessité morale, que si nous élevions à l'absolu une des tendances de notre être, que l'on peut appeler le sens moral, la conscience, mais qui, en définitive, est toujours quelque chose de l'individu. L'aspiration vers quelque chose qui doit être, et qui s'opposerait à ce qui est, tel est le ressort de la morale. Lorsqu'elle est considérée, abstraction faite des règles, elle reste un *nisus*, une intention de l'homme, en prenant le mot dans son sens étymologique, une aspiration...

Employez tous les mots que vous voudrez... Vous trouverez toujours quelque chose qui est individuel, subjectif, et qui même, tout au fond, est affectif plutôt qu'intellectuel ; car, une idée, c'est quelque chose d'arrêté et de fini. Mais l'objet de la morale, dans la morale kantienne, n'est pas quelque chose de net et de fini. C'est quelque chose d'infini qui n'est point, qui ne peut pas être appelé, un être, mais un devoir être, quelque chose qui est reporté vers l'infini. C'est une tendance plutôt qu'une idée. Et je croyais devoir vous rappeler que la morale des tendances, que Kant a essayé d'élever au rang d'une morale rationnelle, est tout au fond une morale purement sentimentale, qui se rapproche beaucoup plus de ce que Rousseau et les apologistes de l'instinct entendaient par morale, vers la fin du xviii° siècle. Cela relève plutôt de ce que les philosophes de l'école de Rousseau appelaient la sensibilité, que de ce que les philosophes de l'école de Voltaire appelaient la raison. C'est donc, en somme, entre la sensibilité et la raison que se trouve osciller toute éducation morale qui essaie de se rattacher à Kant, parce que la morale de Kant elle-même est indécise entre les morales rationnelles et classiques, qui posaient le bien ou le beau, c'est-à-dire quelque chose de parfait, c'est-à-dire Dieu, et les morales purement empiriques, qui posaient tout simplement l'histoire naturelle des tendances humaines. C'est une morale qui n'est ni empirique, parce qu'elle veut dépasser les instincts, les tendances ; et qui n'est pas non plus rationnelle, parce que ce qu'elle pose n'est pas une idée déterminée et achevée. Elle ne relève pas de l'être ; elle relève du devoir être ou du devenir. Elle procède ou elle naît très directement de ces philosophies du devenir et de la tendance, que l'Allemagne du xix° siècle a développées, et qui peuvent être mises sous les noms d'un Fichte, d'un Schelling, d'un Hegel ou d'un Schopenhauer, ou même d'un Nietzsche ; morale plus physique en définitive qu'intellectuelle, plus matérialiste qu'idéaliste, malgré ses prétentions d'idéalisme. Tel est le danger, dont la morale de Kant et toute éducation kantienne essaient de se défendre. Il s'agit de savoir si elles y réussissent.

Je vous ai dit alors que nous étions obligés, pour critiquer la morale de Kant, de critiquer cet idéalisme subjectif, cette notion du devoir, et de lui opposer les faits historiques. Je vous ai dit qu'il ne suffisait pas, en morale, de considérer la disposition intime de l'âme suivant laquelle on agit, et que toute morale véritable doit considérer, non pas l'intention, mais les résultats des actes, et doit déterminer quels sont les rapports normaux de l'individu avec la société qui l'entoure, avec les groupes qui l'entourent, et même avec les faits. Il semble donc que, lorsqu'on critique la morale de Kant, on soit exposé à un reproche, qui n'a pas été épargné aux réalistes et aux positivistes français, au reproche de mépriser la notion du devoir pour y substituer la notion du fait. On vous dit : Vous ne considérez que le fait social. Cela vous est égal que la société, qui est un fait, broie l'individu, ses aspirations et ses tendances. L'ordre auquel vous aspirez n'est pas un ordre spirituel ou moral ; c'est un ordre purement politique ou économique ; c'est un ordre extérieur, qui n'a rien à voir avec les aspirations intimes de la conscience humaine. Voilà le reproche que l'on fera aux morales réalistes, qui essaient de ne pas tomber, de ne pas rouler sur la pente du sentimentalisme subjectif des Allemands et de Kant.

Tel étant le problème posé, telle étant la difficulté à envisager dans l'éducation française, il me semble que nous avons aperçu que la résoudre reviendrait à déterminer, à comprendre quel est au juste le sens de l'histoire. Il s'agit de savoir dans quelle mesure il est vrai de dire que l'histoire révèle un ordre plus humain que l'ordre du monde extérieur et qui mérite qu'on lui sacrifie, dans une certaine mesure, cet ordre extérieur. La nature en face de l'homme, tels sont au fond les deux termes, dont il s'agit de retrouver le rapport. Toute morale naturaliste, réaliste, admiratrice de l'ordre du monde, et qui se contentera de dire à l'homme : soumets-toi à cet ordre ! fera bon marché du désir de progrès, de perfectionnement des lois naturelles, auxquelles répondent toutes les tentatives des grands civilisateurs, des grands chefs des groupements humains, nations ou Eglises. L'effort pour humaniser la nature, pour créer un ordre qui soit sympathique, en quelque sorte, et hospitalier aux aspirations de la conscience intime, cet effort-là doit-il être considéré comme légitime ? C'est la question. Cela revient à savoir quels sont les rapports de la morale avec la métaphysique et avec l'histoire.

Une première solution, c'est de dire que la morale a un rapport absolument direct avec la science de la nature, de l'univers, de l'ordre planétaire. On est tenté de fonder la morale sur la métaphysique. C'est ce parti qu'ont pris plusieurs des grands philosophes de l'antiquité. Ils ont essayé de déduire les lois de la conduite humaine de la contemplation des lois du monde extérieur. Il ont dit qu'il fallait s'accorder à l'univers. Dans les morales et dans les philosophies antiques, ce rapport entre l'histoire et le progrès humain et l'histoire naturelle, comme aurait dit Aristote, l'histoire du monde, non seulement du monde vivant, mais même du monde inorganique, du monde minéral et encore une fois du monde planétaire, des sphères inanimées ; dans l'antiquité, ce rapport entre la métaphysique et la morale n'était pas nécessairement choquant pour les conceptions de l'homme. Cela tient à ce que les notions qu'on se faisait de la nature dans l'antiquité, — il y en a plusieurs, la notion platonicienne, la notion épicurienne, la notion stoïcienne, la notion aristotélicienne, — n'étaient ni les unes ni les autres étrangères à un certain concept, qui fait partie intégrante de notre ordre intime, de l'histoire et de notre science morale, à savoir le concept de finalité, de but à atteindre, d'harmonisation à réaliser. Les anciens considéraient la nature comme réalisant un ordre esthétique assez voisin de ce que nous appellerions aujourd'hui l'ordre moral. Ils considéraient la nature comme une hiérarchie de ce que Platon appelait des sphères concentriques ; mais, même en dehors de Platon, dans toutes les philosophies anciennes, excepté dans l'épicurisme, on considérait que l'ordre qui régnait dans la nature n'était pas une unité qui créait la diversité, qui la faisait disparaître et qui l'absorbait ; mais que c'était une unité qui laissait place à la diversité des êtres et à leur spontanéité.

En d'autres termes, l'ordre du monde pour les anciens n'était pas rigoureusement mécanique ou géométrique ; ce n'était pas un ordre aussi simple que celui d'une boîte de cubes avec laquelle jouent les enfants, et dans laquelle l'ordre consiste à ranger, les uns à côté des autres, tous les cubes qui sont pareils. C'était un ordre comparable à celui que nous observons dans le corps humain, où les différentes parties sont qualitativement hétérogènes, différant entre elles et cependant gardant chacune sa physionomie et sa fonction. Elles collaborent à un ordre et à un ensemble qui n'est identique à aucune d'entre elles. Un ordre à établir, dans un monde où tout est purement matériel, géométrique et mécanique, peut donner cette conception métaphysique qui est beaucoup plus choquante, beaucoup plus difficile à concilier avec notre vie intérieure que ne l'était l'ordre ancien qui était esthétique. Entre la métaphysique ancienne, laquelle est dominée par l'idée du beau et de la perfection, et la morale, il n'y avait pas un abîme ; il y avait même si peu de distance qu'à la rigueur on pouvait considérer la morale comme une simple application et une déduction de cette métaphysique du bien, du beau, de la perfection.

Mais, dans la métaphysique moderne, il en est tout autrement. Vous n'ignorez pas que la métaphysique moderne, c'est-à-dire les conceptions les plus générales que nous nous faisons de la nature d'après les résultats des sciences, ces conceptions sont encore, de nos jours, dominées par les grandes idées mécanistes, géométriques et métaphysiques de Descartes, de Spinoza et de toute cette philosophie du xvii° siècle, qui a précisément essayé de débarrasser la science de la notion de finalité. Tout est mouvement dans le monde. Voilà l'affirmation de la métaphysique moderne, comme de la physique moderne. Mais la métaphysique et la physique modernes n'ajoutent pas que ces mouvements sont ordonnés à une fin esthétique, et encore bien moins à une fin qui puisse s'appeler humaine et morale. L'ordre du monde, tel que le conçoit la science moderne, est indifférent aux aspirations de l'homme beaucoup plus que l'ordre du monde, tel que le concevait la science antique. En d'autres termes, la science moderne est mécaniste, la science antique est finaliste. La science moderne est statique, puisqu'en définitive le mouvement, dans la science moderne, est toujours ramené à l'immobile, le physique au métaphysique, le composé au plus simple, tandis que, dans la science antique, et notamment dans la science aristotélicienne, ce à quoi on ramenait tout, c'était au plus complexe, au plus élevé, à ce qui n'était pas mécanique. C'était quelque chose d'analogue à la vie. L'idée centrale du monde, dans la science aristotélicienne, c'est l'idée métaphysique de Dieu, lequel est défini l'acte pur, la réalisation de toutes les puissances, de toutes les tendances, de tous les *nisus* de l'univers ; Dieu, but, couronnement, achèvement de la nature, l'esprit considéré comme étant ce vers quoi tend toute matière, ce à quoi est suspendu la nature, voilà la conception ancienne.

L'esprit, au contraire, dans la conception moderne, cartésienne, spinoziste, dans la conception mécaniste du monde, l'esprit n'est pas du tout ce vers quoi tend la nature. L'esprit apparaît, aux yeux de la science, la révélation mise à part, comme un phénomène purement humain, et l'être, comme un accident qui se produit à un certain degré de complexité de la physiologie. La pensée est un phénomène du cerveau humain ; et, dans la science et la métaphysique modernes, on n'aperçoit pas, du premier coup, le rapport nécessaire qu'il peut y avoir entre les conceptions de l'esprit, ou du moins entre les tendances de l'âme, et la sensibilité individuelle et l'ordre du monde. On peut considérer la sensibilité individuelle, les tendances, les aspirations de la vie du cœur, comme n'ayant rien à faire dans le monde. La science permet de considérer le monde moderne comme une sorte de géométrie ; elle ne l'interdit pas ; elle n'interdit pas non plus de considérer la nature, le monde, comme quelque chose de plus complexe ; elle n'interdit pas de rebâtir des métaphysiques, analogues aux métaphysiques de l'antiquité, dans lesquelles l'idée de finalité, de perfection, de beauté, reprendrait sa place ; elle ne l'interdit pas ; elle ne s'en occupe pas ; elle est indifférente.

Tel étant l'abîme qui existe entre la métaphysique moderne et la métaphysique antique, il ne reste pas vrai de dire que la morale doit se rattacher purement et simplement à la métaphysisique, car si l'on rattache la morale à la métaphysique dans le monde moderne, à la métaphysique telle qu'elle s'échafaude sur les conceptions de la science mécaniste, on donne à la morale un aspect géométrique, mécaniste et fataliste, qui est en opposition directe avec ce que, jusqu'à nos jours, l'homme a considéré comme constituant la morale.

Les conclusions à tirer du spectacle de l'univers, conçu mécaniquement et géométriquement, sont des conclusions de brutalité. C'est l'apologie de la masse plutôt que de la force ; c'est le droit des grosses masses à écraser les petites masses ; c'est une morale matérialiste qui serait la plus exacte réduction de l'ordre du monde, si on se bornait aujourd'hui à calquer la morale sur la métaphysique.

Et alors, comment se fait-il que les esprits religieux, qui tiennent à une certaine idée du devoir, du droit ou du bien, les esprits chez lesquels il y a ce que vous appelez la tendance française à dépasser le fait donné pour opposer quelque chose qui lui est supérieur ; comment se fait-il que ces esprits aient été tentés de rattacher la morale à la métaphysique, à une métaphysique brutale ? Cela se comprend. Ils ont fait purement abstraction de la notion d'ordre extérieur. Ils ont dit la force. Ils ont dit le fait, mais se posant seul, l'homme se développant sans égard à ce qui l'entoure, et, par là même qu'il n'a pas égard à ce qui l'entoure, par là même qu'il est plus égoïste, se trouvant plus d'accord, disaient-ils, avec les lois de la nature. Ils ont proclamé le devoir pour l'homme d'être une brute. Ils ont résorbé — et c'est le sophisme allemand — l'idée de la puissance et l'idée de l'acte, les idées antiques, dans une idée infiniment plus grossière. Là où les anciens disaient : acte, ils ont dit : fait. Une philosophie du fait pur, du fait qui s'impose et qui ne donne pas ses raisons, du fait qui s'impose sans savoir s'il produit autour de lui une augmentation ou une diminution de beauté et d'ordre ; une philosophie d'une force brutale qui pousse droit devant elle et qui dit : je suis parce que je suis, c'est la philosophie allemande, non pas du début du xix° siècle, laquelle était romantique et sentimentale, mais de la fin du xix° et du commencement du xx° siècle, laquelle s'est efforcée de devenir réaliste. Les Allemands, après s'être enivrés d'un idéalisme inconsistant, et qui n'a pas abouti, se sont retournés brusquement vers un réalisme tellement simple qu'il en est stupide et qu'il néglige le fait social. Ils ne se sont pas dit qu'un individu qui se pose tout seul se mettra en lutte avec la société dans laquelle il vit ; mais qu'une société, même en supposant que ces individus anarchistes soient arrivés à constituer une société, un État comme la Prusse, parce qu'une force plus grande que la leur, celle de leur dynastie, se sera imposée à eux et aura établi un empire comme l'empire que nous voyons aujourd'hui, l'empire allemand ; ils ne se disent pas que cet empire, devenu une masse, qui, selon eux, a le droit d'être et de s'imposer, va produire, parmi les autres sociétés, des perturbations qui amèneront des réactions et qu'il faudrait alors, pour être sûr que cette masse l'emportera, être sûr qu'elle est la plus grande de toutes, et que, à moins d'être les maîtres de la planète entière, ils sont exposés, au lieu de germaniser le monde, à provoquer le monde à l'écrasement de la Germanie. Voilà ce qu'ils n'ont pas vu. Cette philosophie du fait pur, appliquée jusqu'au bout, aveuglément, se ruine elle-même. Encore une fois, elle est peut-être plus irréaliste, plus déraisonnable et plus

ruineuse que la rêverie romantique du début du
xix° siècle. Je ne suis pas bien sûr que Bismark
n'ait pas pensé d'une manière plus fausse que
Schelling. Lorsque l'histoire regardera du haut
de deux ou trois siècles, entre les métaphysiciens
et les moralistes sentimentaux de l'Allemagne de
1815 et les physiciens de l'Allemagne impériale
de 1920 ou de 1915 — car en 1920 y sera-t-elle
encore ? — on verra peut-être que les plus chi-
mériques n'ont pas été ceux d'il y a un siècle.

S'il en est ainsi, si on ne peut pas rattacher la
morale à une métaphysique du pur égoïsme, du
pur individualisme, ou de la pure force brutale,
peut-on, au contraire, la rattacher à une métaphysique analogue à celle que je vous indiquais
chez les Russes, c'est-à-dire à l'individualisme sentimental qui ne pose pas le fait, mais qui pose
l'homme abstrait, l'homme parfait, l'homme en
soi, l'homme qui n'est pas encore, car l'humanité
actuelle ne nous a jamais fourni un exemplaire
de cet homme pour lequel on légifère ? L'idéalisme doux et sentimental des anarchistes russes
est-il plus conciliable avec une morale normale
que le réalisme brutal des Prussiens? Vous savez
bien que non. Nous avons dit quelles étaient les

folles auxquelles peut aboutir ce subjectivisme sentimental, cette théorie de l'individualisme, non pas brutal, non pas armé contre le monde, mais au contraire cédant toujours à la force, se sacrifiant, s'immolant perpétuellement. Nous avons dit que cette espèce d'hyperchristianisme mal dirigé, mal conçu, dédaigneux, ou plutôt effarouché de ce qu'il y a encore de réalisme dans le christianisme ; que cette espèce d'évangélisme qui dit : ne résiste pas aux méchants, ne fais pas la guerre ! dissout, non seulement la société, mais l'individu lui-même ; on ne peut pas songer à lui rattacher la morale, parce qu'il se refuse à toute morale. Vous savez très bien que l'anarchisme, en morale privée comme en morale sociale, se réduit à dire : il n'y a pas de lois ; il n'y a pas de règles ; fais ce que tu voudras ; suis l'inspiration de ton cœur, puisque ton cœur est humain ; ami de l'humanité, fais tout ce que tu voudras, excepté le mal, excepté de faire souffrir, parce qu'au fond tu n'as pas envie de souffrir toi-même ! Voilà toute la morale qui résulte de l'individualisme sentimental. Elle est aussi fausse que la morale de l'individualisme actif, agressif et combatif, dont la Prusse nous donne des exemplaires.

Ceci établi, nous devons donc arriver à une première conclusion : c'est que la morale ne peut être rattachée facilement à aucune métaphysique. Si on la rattache à une métaphysique du fait, à une métaphysique matérialiste, elle s'évanouit parce qu'on est obligé de sacrifier ce qui en constitue l'originalité. On sacrifie toutes les aspirations de la conscience ; on sacrifie ce qui est tout de même un fait, à savoir l'aspiration de l'homme à quelque chose de meilleur que lui et de plus beau que lui. Il n'y a pas moyen de s'en tenir là. On élimine donc le rapport de la morale avec la métaphysique. Mais alors, nous nous trouvons en face d'une seconde alternative et d'une seconde difficulté. Ayant dit que la morale ne se rattache pas à la métaphysique, c'est-à-dire qu'elle ne se préoccupe pas de savoir quel sera l'ordre du monde, elle n'essaiera pas de modeler l'homme sur l'univers, sur la nature. Elle ne s'occupera véritablement que des actions humaines et elle essaiera de se déduire de l'histoire, du récit des actes humains, des entreprises humaines parmi lesquelles on essaiera de déterminer les plus belles, les plus parfaites, celles qui ont réussi. Et, on réduira la morale à une psychologie des grands hommes, des grands fondateurs de dynasties, des grands héros ou des grands saints.

Je vous ai indiqué, dans les deux leçons sur l'école primaire, que cette psychologie, cette hagiographie des héros de l'humanité ne constitue pas une science. Ce n'est jamais qu'une description, qu'un récit. C'est anecdotique, mais ce n'est pas systématique. Il ne faudrait pas dire qu'il y a une science morale. Les maximes qui sont à déduire de la vie des grands hommes, de l'histoire des grandes nations, sont édifiantes, sont intéressantes, mais elles sont variées. Une nation donnée peut toujours dire : Moi, je vivrai d'après des maximes nouvelles, et je n'ai pas besoin des exemples des anciens ! L'histoire est quelque chose qui ne peut pas systématiser par elle-même. Je crois vous avoir signalé ce caractère de l'histoire. L'histoire étant essentiellement le domaine de ce qui ne se reproduit pas d'une manière identique l'histoire contenant toujours quelque chose de nouveau, il est impossible de systématiser, de trouver des lois de l'action humaine qui seraient simplement le résumé des observations faites sur le passé. Une nation quelconque peut toujours dire ; une société, une famille, un individu même peuvent toujours dire : je suis autre que ce que l'on a été ; mon aventure, mon histoire, mon aspiration, ma vocation, ma destinée sont absolument particulières ; je dois leur trouver une loi nouvelle ; je n'ai rien à savoir de ce qui a été fait avant moi. Voilà ce qu'il y a de faible et d'insuffisant dans la théorie, qui ramènerait les lois de la morale purement et simplement aux lois de l'histoire.

J'ajoute qu'aux yeux de certains philosophes, les lois de l'histoire se ramenant aux lois de la force, ramener la morale à l'histoire serait, par un détour, la ramener à cette philosophie du fait, que nous avons éliminée tout à l'heure, en éliminant toutes les métaphysiques comme base de la morale. La morale ne peut donc être basée ni sur la métaphysique ni sur l'histoire toute seule. Cela ne suffit pas ; car la morale, telle qu'elle est conçue par l'esprit et par la conscience humaine, se préoccupe seulement de ce qui peut être et de ce qui doit être. Elle n'est pas la science de ce qui a été. Elle n'est pas l'affirmation que l'avenir doit être identique au passé. Il doit y être analogue. Il ne doit pas y être identique. La morale n'est pas non plus la science de ce qui est. Qu'est-elle donc ?

Le problème, posé dans ces termes-là, n'est

susceptible que d'une solution qui, vous l'apercevez de suite, ne sera pas comparable aux solutions antiques. L'histoire est, disons-nous, le domaine de ce qui ne se recommence pas exactement de même. Elle est le domaine de la création individuelle, de l'invention du génie, de l'invention de l'héroïsme, le domaine des progrès, sinon du progrès. Mais, arrivés à ce point, à cette notion du progrès, nous devons réfléchir. Est-il certain que le progrès, qui est désirable, soit réalisable par l'humanité ?

Voici ce que je veux dire : Nous admettons que la condition d'une amélioration de l'ordre dans les sociétés humaines est légitime ; mais si elle n'est que légitime, elle ne donne pas nécessairement naissance à une science. Une science doit pouvoir commander, en quelque sorte, et démontrer, et commander parce qu'elle démontre. Si la notion du progrès est simplement le résumé de nos aspirations, cela peut donner lieu à des prédications, à des conseils, à une action religieuse. Cela ne peut pas donner lieu à un enseignement proprement scientifique de la morale. On peut dire, dans ce cas-là, qu'il est désirable de développer l'humanité ; qu'il est désirable de développer les sociétés dans un sens tel que les destinées et les aspirations de la conscience humaine — n'employons pas le mot destinées qui impliquerait un fatalisme — mais que les aspirations de la conscience humaine y prennent de plus en plus de place. On peut dire qu'il est désirable de travailler à adoucir les mœurs humaines. On peut dire que l'histoire moderne réalise, en tant qu'elle fait la plus grande place à la conscience individuelle, un progrès sur l'histoire ancienne. On peut dire que les sociétés contemporaines réalisent un progrès sur les sociétés de l'Égypte ou de la Grèce antiques, parce que la vie du corps humain y est moins broyée par les nécessités. Mais on ne peut pas prescrire, on ne peut pas rendre obligatoire cette notion du progrès; on ne peut pas fonder une morale qui se distingue encore une fois d'un simple conseil. La véritable question pour l'éducation moderne et surtout pour l'éducation des Français, car c'est elle qui nous préoccupe avant tout, c'est de savoir si nous pourrons prescrire, établir une morale qui soit, je ne dis pas seulement enseignable, mais qui soit digne d'être imposée au nom de l'État, si on veut, ou tout au moins de certains groupements auxquels l'État confierait la mission éducatrice. Mais, une morale enseignable, qu'on puisse imposer, où il y aurait des devoirs, voilà ce qu'il s'agit de fonder. Si nous ne la fondons pas sur la métaphysique, — et nous avons vu que nous ne pouvons pas la fonder sur la métaphysique mécaniste ni sur la métaphysique finaliste ; la métaphysique mécaniste faisant abstraction de l'homme et de la vie humaine, la métaphysique finaliste ayant paru être contredite par la science moderne, — que ferons-nous ? Où seront les devoirs ?

A cela, il y aurait peut-être moyen de répondre, si on prouvait qu'un certain progrès moral, c'est-à-dire une certaine réalisation de l'homme, de l'idéal humain, a été commencé dans l'histoire et que le progrès a été non seulement suivi, mais, par là même qu'il a été suivi, a créé des facilités, des aptitudes à un nouveau progrès. Si, on pouvait prouver que certaines sociétés humaines ont commencé de concilier la notion de l'ordre intérieur, la notion du droit de l'homme et du devoir, avec les nécessités de la vie en société ; si on prouvait qu'il y a quelque chose d'acquis, qui est non seulement indestructible, mais qui s'impose, qu'elles le veuillent ou non, aux générations qui sont venues après son acquisition ; en d'autres termes, si on prouvait qu'une partie du progrès humain est indestructible et que, toutes les fois qu'on essaie de revenir à une notion des sociétés qui fasse moins de place à ce progrès humain, on le détruit complètement ; en d'autres termes encore, si on prouvait que la morale chrétienne, celle qui considère l'individu humain comme ayant une valeur absolue parce qu'il a en lui une étincelle surnaturelle ; si on prouvait, dis-je, que les sociétés modernes, qui ont essayé progressivement de s'adapter dans leur ordre extérieur à ces aspirations de la vie intérieure de l'individu devenu personne, personne humaine ; si on prouvait cela, on prouverait qu'il y a tout au moins, je ne dis pas une nécessité physique que le progrès continue, mais une facilité, une inclination de l'humanité tout entière dans une certaine direction. Car, au fond, quel est le débat entre Kant et Aristote, entre ceux qui veulent qu'on prenne le sujet comme but et non comme moyen — cela, c'est Kant : agis toujours de façon que tu traites l'homme comme une fin et non pas comme un moyen — entre ceux qui ont cette conception, laquelle est la conception moderne de la morale, et ceux qui considèrent que l'individu doit toujours être subordonné à la société, sans se préoccuper de savoir si cette société sert à son tour l'humanité, et c'est la conception qu'appliquent les officiers allemands, lorsqu'ils jettent la matière humaine sous nos canons, comme si elle ne contenait rien de divin ; entre ces philosophies du fait et la philosophie du droit purement abstrait et illimité de l'individu que Kant a posée, quel est le débat ? Je crois qu'il a été mal compris. On peut considérer qu'il y a quelque chose de plus qu'abstrait, de déjà réel, dans la personne humaine que Kant demande que l'on respecte et à laquelle il demande que l'on mette un prix infini.

Si nous considérons que cet individu peut être discerné ; s'il y a un signe qui puisse le discerner d'une autre cellule vivante, d'un autre individu, d'une autre monade en quelque sorte, dans l'univers que nous connaissons ; pris comme être vivant, rien que comme être vivant, l'individu humain n'aurait des droits que si nous nous rattachions à une philosophie de la nature, qui mettrait la vie avant la matière, et qui, par conséquent, mettrait la qualité avant la quantité, qui mettrait le principe de finalité au-dessus de tout,

Mais nous ne nous rattachons pas à cette philosophie. Donc, en tant que vivant, l'individu humain n'est pas plus sacré qu'une parcelle de métal. Ce n'est pas la vie qui a des droits, à moins qu'on n'admette la philosophie d'Aristote laquelle considère la vie comme supérieure à la matière. Mais, dans les philosophies modernes, la vie n'est pas considérée comme supérieure, qualitativement, à la matière. Les philosophies modernes tendent, à tort ou à raison, à réduire la vie et à l'expliquer par des forces mécaniques. La vie, par elle-même, n'a de droits que dans la mesure où elle n'est pas encore connue. Ce n'est pas en tant qu'elle est vivante que la vie de l'individu a des droits à être respectée ; ce n'est pas en tant qu'il est vivant que l'individu est sacré ; ce n'est pas même non plus en tant qu'il est conscient. A un moment donné de l'évolution du système nerveux dans l'embryon, le système nerveux arrive à son plein développement, et la conscience éclate, c'est-à-dire que nous prenons une certaine connaissance de l'ensemble qui nous entoure. Ce fait de la conscience ne créerait des droits à l'individu d'être traité comme une fin en soi, comme ayant une valeur, que dans une philosophie, qui considérerait la conscience comme un fait supérieur et premier par rapport à la matière, que dans une philosophie spiritualiste ou idéaliste, que dans une philosophie leibnizienne. Si vous n'êtes pas partisan de la philosophie de Leibniz, vous n'avez pas le droit de dire que l'individu a des droits en tant qu'il est conscient. La métaphysique de Leibniz n'est pas plus démontrable que la philosophie d'Aristote ou le mécanisme de Descartes et de Spinoza. Tout au moins, elle n'est pas démontrable dans l'éducation. Et, dans l'état actuel de la philosophie, je défie que l'on base une morale sur le respect de la conscience; c'est-à-dire, sur ce fait que devenir conscient, c'est s'apercevoir que l'on existe. Le fait que l'homme que l'on va guillotiner a conscience qu'on va supprimer sa vie, ne lui crée pas de droits à ce que cette vie et cette conscience soient respectées. Cela ne lui créerait de droits que dans le cas où l'on pourrait prouver que quelque chose qui importe à l'univers, que quelque chose de plus grand que lui est renfermé dans sa conscience et dans son cerveau ! Cela n'est pas démontré.

Il y a cependant une considération sur l'individu humain, et il n'y en a qu'une seule, qui permet de fonder le respect de la personne humaine dans les philosophies modernes, de le fonder autant que Kant le fonde. Il n'y en a qu'une : c'est dans le cas où l'on admettrait que, dans la vie vivante, dans la vie consciente, ne se produit pas encore toute la réalité de l'homme ; dans le cas où l'on admettrait qu'au sein de la vie consciente, il y a quelque chose qui la dépasse. Ce quelque chose, c'est précisément ce que nous ne pouvons pas trouver chez l'individu tel que l'homme le crée. Il faut une seconde création de l'homme pour que l'homme ait le droit que Kant lui attribue, le droit à être traité comme quelque chose de divin, comme une fin, comme un but. Cette seconde création n'a pas deux noms : c'est le Baptême. Il y a une philosophie dans laquelle une vie, une seconde vie en quelque sorte, une vie qui n'est pas strictement individuelle, éclate dans la conscience et c'est la philosophie catholique, d'après laquelle Dieu, ou l'Esprit qui gouverne le monde et qui en a le secret, aurait été communiqué à la conscience humaine et pourrait être communiqué à toute conscience humaine.

Mais vous me direz : Il n'y a pas besoin du baptême. Nous pouvons admettre qu'une vie surnaturelle, vie surhumaine, proprement spirituelle, commence dans toute conscience, dès l'instant qu'elle conçoit autre chose que ses droits à elle, qu'elle conçoit l'existence des autres consciences et dès l'instant qu'elle s'y subordonne, qu'elle arrive à la notion de l'humanité. On vous dira : humainement, l'homme conçoit quelque chose de plus que son individualité et en cela il est digne d'être traité autrement que comme un animal.

C'est très vrai ; mais ce n'est vrai que pour ceux des hommes qui s'élèvent à cette conception plus qu'animale, à une conception de la conscience psychologique. S'apercevoir que l'on existe, être conscient, n'est pas la science morale et religieuse. Etes-vous certains que tous les êtres, qui sont doués de la conscience psychologique, qui s'aperçoivent de leur existence, ont la vie spirituelle, c'est-à-dire ont la vie morale et religieuse, ont cette conception dans laquelle on s'attribue à soi même, on trouve en soi quelque chose qui vaut plus que la vie ? L'homme conçoit-il naturellement qu'il y ait en lui quelque chose de supérieur en dignité à sa vie et même à sa conscience ? A sa vie, oui. Il y a des hommes qui considèrent qu'ils ont en eux quelque chose de supérieur à la vie, et c'est la pensée ; oui, mais il s'agit de savoir si l'homme gravit un échelon de plus ; il s'agit de savoir si l'homme s'élève à la conception, en lui-même, d'une loi qui ne s'appliquerait pas seulement avec la conception d'un être en lui, qui ne serait pas seulement l'être conscient ; car, encore une fois, connaître le monde est un acte qui ne nous donne aucune espèce de possibilité de nous égaler à ce monde ; connaître le monde n'est pas le créer ; se connaître soi-même n'est pas se créer soi-même.

Vous me direz : il y a la volonté ! Mais la volonté même du héros ne le crée pas lui-même. Je vous ferai remarquer que cette volonté, quelle que soit la sublimité des motifs qu'elle invoque, a toujours quelque chose de physique et de conscient, quelque chose de vivant et quelque chose d'humain. Or, pour que l'homme se crée lui-même, il faut qu'il soit plus que lui-même. Il faut qu'il soit Dieu. On ne peut pas fonder la morale sur autre chose qu'une conception religieuse de la vie. Cette conception religieuse pourra n'être pas catholique. Je dis qu'elle fera cependant appel à une notion quelconque de Dieu, c'est-à-dire qu'elle nous fera concevoir au moins certains rapports avec l'ordre universel. Ce n'est pas à la métaphysique, ce n'est pas à l'histoire que se rattache la morale, lorsqu'on veut qu'elle devienne obligatoire, c'est-à-dire qu'elle devienne plus forte que la vie et plus forte que la pensée, plus forte même que la conscience. La morale, lorsqu'elle commande le sacrifice de la vie, lorsqu'elle commande le sacrifice de la pensée qui consiste à dire : je ne connais pas tout, je vois le monde et je n'ai pas conscience de tout ce qu'il est ; ce sacrifice, que la morale impose à la pensée, dès qu'elle ouvre les yeux, et que la pensée est obligée de faire, elle n'a pas le courage de le faire ; cette connaissance de l'infinité que devrait avoir l'intelligence, et qu'elle n'a pas, pour comprendre le monde, c'est cela seul qui donne à l'homme et seulement cela qui peut lui donner le droit d'être traité comme autre chose qu'un animal conscient.

Je vous le demande : Qu'est donc cette conception, par laquelle l'intelligence de l'homme se reconnaît nécessairement dépassée par le monde et nécessairement exige une intelligence analogue à la sienne, mais supérieure ; cet acte par lequel la volonté de l'homme se reconnaît capable d'organiser, dans une certaine mesure, les choses autour de lui, mais non pas de les créer ? Cet acte, c'est l'acte essentiellement religieux par lequel l'homme reconnaît Dieu et reçoit, en quelque sorte, la révélation de Dieu. Il n'y a donc qu'un problème et nous avons reculé la difficulté. C'est, étant donné que la morale se fonde sur la religion et la révélation, de savoir si cette révélation se fait spontanément à tout individu, lorsqu'il en est digne, sans que des ministres, des intermédiaires y soient préposés.

Il y a deux réponses : une réponse catholique et une réponse rationaliste. La morale se fonde sur l'idée d'une révélation. Si l'on croit que cette révélation est extérieure, transcendante ; si l'on croit que Dieu a parlé dès le début, puis par des intermédiaires ; qu'Il est venu Lui-même pour apprendre à l'humanité les vérités qu'elle doit croire et les devoirs qu'elle doit pratiquer ; enfin, si, par une conclusion plus décisive, on croit que l'Église romaine a été chargée de transmettre, à travers les siècles, la doctrine divine et de la maintenir intacte contre toutes les entreprises qui tenteraient d'en altérer la pureté, alors on est catholique. Si, au contraire, on croit que cette révélation est purement morale ; si on considère qu'elle se fait à toute conscience, dès que cette conscience a conçu le devoir, le progrès, et toutes les notions supérieures tant soit peu idéalistes, alors on n'est plus catholique ; on n'est plus même chrétien, on est rationaliste, subjectiviste, kantien, protestant libéral.

Mais je vous laisse sur cette question de savoir si la révélation intime, la révélation par le Dieu immanent, par le Dieu subjectif ne coïncide pas presque toujours et n'a pas coïncidé presque toujours dans l'histoire humaine avec ces révélations inférieures, absurdes et criminelles que chacun de nous prétend recevoir, lorsque chacun de nous suit son instinct. Comment discerner la révélation, qui est digne d'être écoutée chez un homme supérieur, de celle d'un jeune anarchiste qui croit avoir une révélation et qui se fera tuer pour cette révélation ; comment distinguer par en haut les deux morales, en tant qu'elles font appel à une certaine conception supérieure de la conscience, supérieure à la conscience ? Mais c'est aux fruits que l'on reconnaît l'arbre. Si l'une de ces révélations aboutit à mettre l'individu moderne en conflit avec les sociétés qui déjà avaient réalisé une partie de ce qu'il cherche, c'est-à-dire avec les sociétés chrétiennes, catholiques et civilisées, il y a des chances pour que cette révélation porte en elle-même une semence d'erreurs. Une révélation, comme la révélation d'un Dieu immanent, est une révélation dans laquelle je n'ai pas confiance, parce qu'elle n'a pas perfectionné l'ordre du monde moderne, et singulièrement l'ordre européen et français, mais parce qu'elle l'a troublé et le trouble toujours. C'est au développement de l'histoire qu'on jugera laquelle des deux révélations : l'immanente ou la transcendante, est la vraie.

Je crois que c'est la seconde ; je crois que le progrès humain, c'est-à-dire l'adaptation des sociétés aux fins supérieures de la vie spirituelle de l'homme, l'adaptation de l'ordre extérieur à l'ordre intime, à l'ordre spirituel, a été augmentée, a été avancée, dans l'histoire contemporaine, mais d'abord dans l'histoire du Moyen Age et en définitive dans l'histoire moderne tout entière depuis l'Empire romain. Elle a été augmentée par certains moyens, suivant une certaine courbe. En d'autres termes, je crois qu'il y a certaines sociétés qui ont travaillé plus efficacement que d'autres à l'augmentation de l'ordre spirituel dans les sociétés humaines, c'est-à-dire à l'établissement de la chrétienté. La chrétienté est le corps, en quelque sorte réalisé ; elle est l'espèce d'incarnation de cet ordre spirituel que les protestants libéraux cherchent vainement à réaliser, chacun pour son propre compte ; la grande société qui s'est appelée la chrétienté, et qui est devenue l'Europe, qui est aujourd'hui battue en brèche par la continuation de la révolte de Luther, révolte profondément religieuse et réellement religieuse, mais révolte qui précisément se référait habilement, et déjà, au principe de l'immanence et abandonnait le principe de la transcendance ; l'Europe qui a été troublée par cette révolte ne peut être réorganisée que par l'action de celles des nations qui, historiquement, ont été les propagatrices et les soutiens de la société appelée Église. La société politique, que l'on appelait chrétienté, est l'aspect extérieur d'une société spirituelle que l'on appelle l'Eglise.

Je crois que l'on peut démontrer, et cela ne pourra être démontré que par une philosophie de l'histoire, philosophie qui a été faite et qui devra être récrite pour les quatre derniers siècles, comme elle l'a été par Bossuet pour les siècles précédents ; je crois qu'on peut démontrer que la chrétienté, c'est-à-dire une civilisation dans laquelle la personne humaine prend de plus en plus de valeur, garde une valeur infinie sans cependant faire éclater les cadres sociaux ; que cette véritable libération de la conscience a été avancée par la France. Je crois, et vous en êtes tout aussi persuadés que moi, que l'histoire ne se développe pas au hasard, qu'elle n'est pas finie ; et si le problème de l'éducation doit être résolu, peut-être tomberez-vous d'accord qu'il doit être résolu par la considération de ce qui a été fait historiquement par notre pays, plutôt que par la considération de ce qui pourrait être fait par n'importe quel pays à partir de maintenant. Nous ne voyons pas qu'aucune nation soit en train de réaliser une conception qui soit supérieure à la conception de l'ordre français, qui fut imposé à l'Europe par Louis XIV. Nous ne voyons pas qu'une paix humaine soit en train de s'élaborer, qui soit supérieure à la paix française partie de Versailles. Mais nous sommes, dans tous les cas, certains que cette paix humaine ne partira pas de Berlin, car Berlin y a renoncé du jour où elle a passé, par l'organe de ses généraux, du côté des philosophes de la masse et du fait accompli. Elle y a renoncé, car la masse et le fait accompli sont le contraire du progrès, le contraire de ce que l'on peut appeler le *mens* de la masse, c'est-à-dire l'esprit qui anime cette masse. La France seule est le levain qui anime la masse humaine dans un sens humain et divin ; et voilà pourquoi nous avons le devoir de subordonner notre vie et, qui plus est, notre pensée, à l'existence de la France, ministre de Dieu.

FIN

TABLE DES MATIÈRES

	Pages
Première leçon. — Esquisse de la morale de Kant. Son principe : l'impératif catégorique.	5
Deuxième leçon. — Exposé de la morale de Kant. Essai de déduction des devoirs.	35
Troisième leçon. — Convenance de la morale de Kant avec les besoins pédagogiques de l'état français décatholicisé.	69
Quatrième leçon. — L'école laïque des garçons : Ferry, Buisson.	107
Cinquième leçon. — L'école laïque des filles : Pécaut, Steeg.	143
Sixième leçon. — Les conséquences : ravages de l'absolu subjectif. La morale ignore la société : Tolstoï.	179
Septième leçon. — Comment se rétablit la notion des devoirs concrets et de leurs relations : leur hiérarchie dans les sociétés catholiques.	213
Huitième leçon. — La métaphysique et l'histoire. Leurs relations avec la morale. L'éducation française à restaurer.	249

ACHEVÉ D'IMPRIMER

PAR

L'IMPRIMERIE CHARLES COLIN

A MAYENNE

POUR

LA NOUVELLE LIBRAIRIE NATIONALE

A PARIS

LE 21 AVRIL 1917

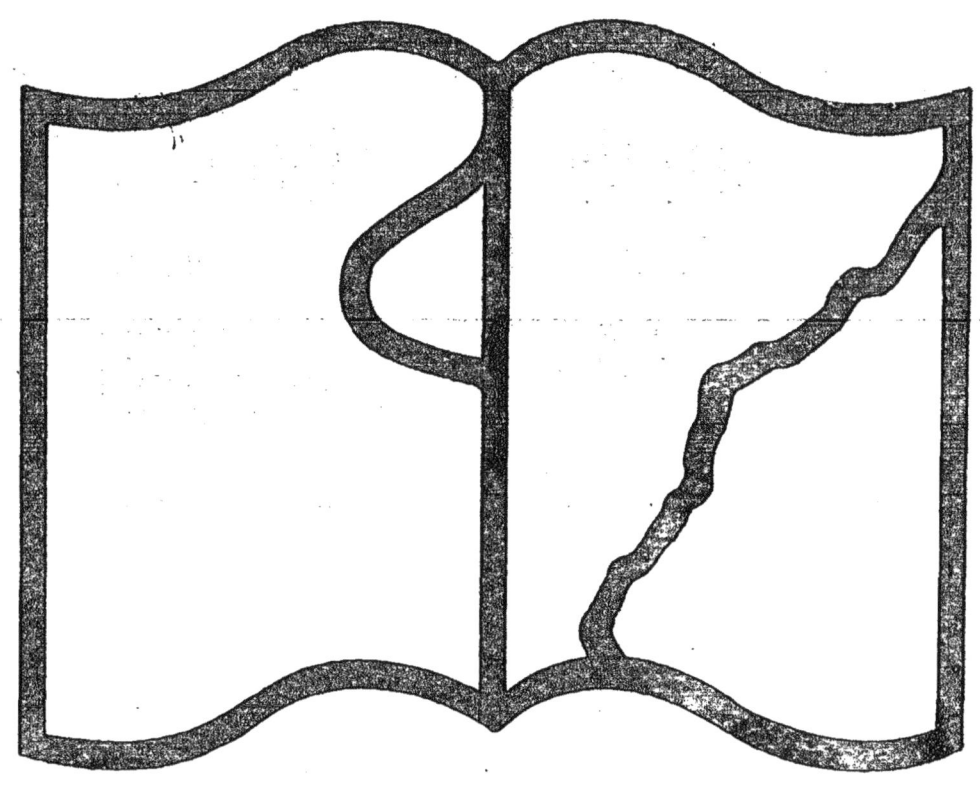

Texte détérioré — reliure défectueuse

NF Z 43-120-11

www.ingramcontent.com/pod-product-compliance
Lightning Source LLC
Chambersburg PA
CBHW050631170426
43200CB00008B/966